Divino de São Lourenço / ES, verão de 2020

Escritos em Arteterapia

Coletivo Não Palavra | org. Eliana Moraes

semente editorial

1ª edição - dezembro de 2020
Direitos desta edição reservados à
Semente Editorial Ltda.

Av. José Maria Gonçalves, 38 - Patrimônio da Penha
29.590-000 Divino de São Lourenço/ES

Rua Araxá, 655 - Grajaú
20.561-114 Rio de Janeiro/RJ
(21) 98207.8535

contato@sementeeditorial.com.br
www.sementeeditorial.com.br

Produção editorial: Estúdio Tangerina
Preparação de texto: Constantino Kouzmin-Korovaeff
Revisão: Mirian Cavalcanti e Andrea Dórea
Projeto gráfico e capa: Lara Kouzmin-Korovaeff
Editora responsável: Lara Kouzmin-Korovaeff

Escritos em Arteterapia : Coletivo Não Palavra / organização Eliana Moraes. - 1. ed. - Divino de São Lourenço, ES : Semente Editorial, dezembro : 2020.

144 pp. : 23 cm

ISBN 978-65-86610-20-8

1. Arteterapia. 2. Educação 3. Psicologia
4. Psicoterapia 5. Terapia Alternativa I. Moraes

20-53286 CDD: 615.85156

Índices para catálogo sistemático:
1. Arteterapia 615.85156
Aline Graziele Benitez - Bibliotecária - CRB-1/3129

Se você tem uma laranja e troca com
uma pessoa que também tem uma
laranja, cada um fica com uma laranja.
Mas se você tem uma ideia e troca com
outra pessoa que também tem uma ideia,
cada um fica com duas ideias.

Confúcio

PREFÁCIO

Regina Célia Rasmussen

Mire veja: o mais importante e bonito, do mundo, é isto:
que as pessoas não estão sempre iguais,
ainda não foram terminadas – mas que elas
vão sempre mudando. Afinam ou desafinam.
Verdade maior."

João Guimarães Rosa, Grande Sertão: Veredas

A convicção de que as pessoas estão em constante processo de evolução tem pautado o trabalho de Eliana Moraes em mais de uma década de encontros felizes. Uma profunda identificação com o coletivo e com o respeito ao individual fez nascer uma abordagem que se constrói a muitas mãos, em um movimento de intensa sinergia. Diz-se que não há construção se não houver união, parceria e diálogo; é justamente nesse tripé que Eliana Moraes sustenta a elaboração da presente coletânea.

A fonte de inspiração surgiu dos encontros promovidos nos últimos anos pelas parcerias, pelos seus grupos de estudo, supervisões e pelo seu *blog* Não Palavra que, além de estimular novos diálogos, abriu-se para os registros de estudos e práticas provocativas dos colegas arteterapeutas.

Trata-se de acolher outros conhecimentos que vêm integrar e enriquecer os já existentes e, de árvore em árvore, formar uma densa mata de vivências e criatividade.

Os autores – provenientes das mais diversas formações – foram inspirados e incentivados pelos textos precisos, repletos de reflexões, percepções e *insights* que Eliana já estrutura há alguns anos como seu propósito de levar a Arteterapia para muito além do *setting* arteterapêutico, e que já foram compilados em outros dois livros: *Pensando a Arteterapia*, volumes I e II. Para ela, a Arteterapia é um caminho, e caminhar acompanhada de pessoas com o mesmo desejo faz toda a diferença nessa jornada de aprendizagens das questões humanas que se expressam por meio da arte. Como dizia Paulo Freire, o patrono por cujo legado sempre vale lutar: "Ninguém liberta ninguém. As pessoas se libertam em comunhão."

Este livro simboliza essa confluência de forças e dá voz a todos aqueles que querem ir além do seu trabalho, que desejam colaborar com a união da classe profissional, fortalecer-se e tornar a profissão do arteterapeuta cada vez mais visível e respeitada, compartilhando experiências e ideias na costura de novas parcerias.

Ao analisar a vasta gama de materiais a serem oferecidos no *setting* terapêutico, Eliana afirma que "o arteterapeuta deve trabalhar com metáforas", construindo pontes de significado entre os conteúdos psíquicos e a abordagem selecionada para elaborar esses conteúdos. Ou seja: o exercício da profissão requer um olhar plural e atento, suficientemente aberto para captar os sons da floresta, mobilizando saberes atávicos e recentes na busca pela mais justa adequação entre teoria e prática.

Que os muitos leitores deste volume sintam o chamado à escrita de suas práticas arteterapêuticas, para que seus percursos alimentem-se, cada vez mais, de elementos para uma reflexão sobre a sua própria trajetória e para a multiplicação desse conhecimento – o das especificidades da Arteterapia. O crescimento conjunto será inevitável.

Boa leitura a todas e todos nós.

Regina Célia Rasmussen

INTRODUÇÃO

Eliana Moraes

O que vale na vida não é o ponto
de partida e sim a caminhada.
Caminhando e semeando,
no fim terás o que colher.

Cora Coralina

O *blog* Não Palavra nasceu de modo inteiramente intuitivo em 2013, a partir da necessidade de organizar e do desejo de compartilhar meus estudos e descobertas na Arteterapia. Desde então, a escrita foi ganhando espaço e corpo na minha caminhada profissional. Pesquisar e praticar a Arteterapia com a intenção de estruturar esses pensamentos em textos foi criando em mim um compromisso com a produção e um amadurecimento profissional que jamais imaginei ao iniciar a jornada.

Durante algum tempo estive pensando sobre meu caminho de escrita em Arteterapia, que começou de forma bem despretensiosa e foi tomando proporções inesperadas, sobre como foi me construindo e constituindo como profissional, e, sem dúvida, também como pessoa. E, em meio a tal reflexão, pensava quão interessante seria estimular outras pessoas a que se propusessem um desafio semelhante e experimentassem suas próprias surpresas e descobertas.

Até que em 2017 iniciamos o projeto "Não Palavra abre as portas", para arteterapeutas, estudantes e interessados que tivessem o desejo latente e/ou ativo de se lançarem ao desafio da escrita. Assim, o Não Palavra fez um convite aos amigos e parceiros que até então nos acompanhavam pela leitura, para que se tornassem coautores daquele espaço de construção continuada.

O *blog* Não Palavra, desse modo, foi-se consolidando como um espaço colaborativo, contando com a contribuição de autores de vários estados brasileiros que, generosamente, se disponibilizaram a compartilhar de forma livre – ainda que estruturada – seus pensamentos, estudos e práticas arteterapêuticas ou saberes que a esses agregassem. Hoje, através de sua rotina semanal de publicações, o *blog* está estabelecido como um espaço de trocas, diálogos e compartilhamentos, onde todos que desejam colaborar são bem-vindos, pois somente dessa forma poderá manter-se ativo, com qualidade e com uma pluralidade no olhar que muito agrega a todos.

Através deste livro ampliamos o território do "Não Palavra Arteterapia", dando início a mais um segmento de produções literárias: a compilação de textos dos colaboradores do *blog*. Neste volume contamos com textos de vinte e um autores, postados entre 2017 a 2020, organizados em três temáticas: **Técnicas e Materiais, Práticas Arteterapêuticas e Abordagens Teóricas e a Arteterapia.**

A publicação do primeiro volume do *Escritos em Arteterapia – Coletivo Não Palavra* é uma materialização da grande rede que foi tecida ao longo desses anos, a cada encontro, com fios de comprometimento afetivo – de uns com os outros e com a Arteterapia. É a colheita de sementes que fomos plantando em conjunto ao longo da caminhada, e que hoje se tornaram frutos saborosos. Vale destacar o simbolismo de vivermos essa colheita ao apagar das luzes de 2020, um ano extremamente desafiador em nossas biografias, mas, ao mesmo tempo, tão potente em gerar em nós a resiliência criativa e a certeza de que, de mãos dadas, somos capazes de resistir e permanecer caminhando!

Meu desejo é que o Não Palavra firme-se cada vez mais como um espaço de diálogos e produções em Arteterapia, elementos fundamentais para o fortalecimento de cada arteterapeuta e de nossa amada profissão.

Eliana Moraes

SUMÁRIO

{ TÉCNICAS E MATERIAIS

Materiais e a intensificação do viver: Sobre o ato de retirar

Por Eliana Moraes – MG/RJ
Publicado em 18/03/19

No percurso da formação de minha identidade profissional, deparei-me com a questão sobre o que me diferenciava entre ser uma psicóloga que se utiliza de técnicas expressivas e ser uma arteterapeuta propriamente dita. Uma das respostas que encontrei, e que me constituiu, foi o manejo dos materiais pelo arteterapeuta.

Tenho pensado no arteterapeuta como um "promotor de encontros" entre o sujeito que fala e um material que será facilitador de seu discurso, da elaboração de conteúdos psíquicos e de retificações subjetivas a partir do ato criativo. Nesse sentido é estrutural que o arteterapeuta dedique-se a conhecer e aprofundar-se cada vez mais na riqueza e pluralidade de materiais passíveis de serem aplicados no *setting* terapêutico.

O arteterapeuta deve trabalhar com metáforas. Investir em apresentar para seu paciente/cliente a analogia entre a questão trazida por ele e aquele material. Sem o devido investimento na construção desse simbolismo, o paciente pode não compreender e não investir de si naquela criação, tornando o processo sem sentido e inócuo. A delicadeza e destreza da construção das metáforas e analogias entre as questões subjetivas e os materiais expressivos vêm sendo dos pontos mais trabalhados em supervisões que ofereço para arteterapeutas em construção.

Neste texto trago a reflexão sobre o processo criativo que se refere ao ato de retirar aquilo que não é, retirar os excessos, o que pesa, e faz perder a forma essencial – o esculpir.

SOBRE A ESCULTURA

A escultura consiste de imagens plásticas em relevo total ou parcial. É considerada a quarta das artes clássicas. No decorrer de parte significativa da História, permaneceram as obras dos artistas que se utilizaram dos materiais mais perenes e duráveis, como a pedra – mármore, pedra calcária, granito – ou os metais – bronze, ouro, prata. Usavam-se ainda materiais de origem orgânica como argila, terracota, ou materiais mais nobres como madeira, marfim ou âmbar. De modo geral pode-se esculpir em quase tudo que se consiga manter por pelo menos algumas horas a forma idealizada, incluindo materiais como manteiga, gelo, cera, gesso, areia molhada.

A escolha de um material normalmente implica a técnica a se utilizar. A **cinzelação:** quando de um bloco de material se retira o que excede a figura, utilizando ferramentas de corte próprias. A **modelagem:** quando se agrega material plástico até conseguir o efeito desejado. E a **fundição:** quando se verte metal quente em um molde feito com outros materiais.

Nas práticas da Arteterapia, a modelagem é amplamente usada, entretanto, neste escrito, o processo protagonista é a **cinzelação.** Em seu texto "Sobre a psicoterapia", Freud lembra-nos as palavras do grande artista Leonardo da Vinci:

> A pintura, diz Leonardo, trabalha *per via di pore*, pois deposita sobre a tela incolor partículas coloridas que antes não estavam

> ali; já a escultura, ao contrário, funciona *per via di levare*, pois retira da pedra tudo o que encobre a superfície da estátua nela contida. (FREUD, 1905)

E essa metáfora mostra-se riquíssima ao arteterapeuta.

A ESCULTURA NA PRÁTICA DA ARTETERAPIA

> *Como faço uma escultura? Simplesmente retiro do bloco de mármore tudo que não é necessário.*
>
> Michelangelo

Freud dizia que ao longo da vida, em seu processo natural de constituição, o sujeito vai adquirindo e acoplando em si algumas orientações e diretrizes referentes à educação, referências culturais, familiares, códigos de civilização etc. Mas chega um determinado momento em que o sujeito se estranha, acha-se pesado e sem forma, em angústia. Percebe intuitivamente, ao buscar um processo analítico, que perdeu sua forma original; e então se dá todo um trabalho de "retirar" ao longo do tratamento.

Naturalmente, esse é um processo penoso, pois cada uma dessas referências faz parte da história do sujeito e sua constituição. Agora, porém, elas pesam, e demanda-se alguma quantidade de força para retirar tudo aquilo que não é mais necessário ou que não é mais do sujeito. Essa força precisa ser bem dosada, pois, se demasiadamente fraca, não terá o efeito desejado; se muito forte, pode machucar o sujeito ou até mesmo vir a retirar alguma parte que, sim, lhe pertença.

Freud defende que o processo de análise é análogo ao processo da escultura. E faz uma distinção entre os métodos terapêuticos que trabalham com a sugestão (análoga à pintura) e o método psicanalítico:

> De maneira muito semelhante, senhores, a técnica da sugestão busca operar *per via di pore*; não se importa com a origem, a força e o sentido dos sintomas patológicos, mas antes deposita algo – a sugestão – que ela espera ser forte o bastante para impedir a expressão da ideia patogênica. A terapia analítica, em contrapartida, não pretende acrescentar nem introduzir nada de novo, mas antes tirar, trazer algo para fora (...). (FREUD, 1905)

Um processo de esculpir. Retirar tudo aquilo que se encontra na superfície da forma estrutural nela contida. Esse é um processo vivido no *setting* terapêutico e que pode ser objetivado com um material simples: o sabonete.

Utilizando os materiais de corte específicos, o paciente/cliente de Arteterapia, tem a oportunidade de entrar em contato com a sensação inicial de carregar excessos de bagagens, referências, heranças, informações. Percebe a necessidade de investir alguma força na retirada desses excessos, mas também é convidado a dosar sua força para que ela não seja nem demais e nem de menos.

A prática mostra-nos que muitas vezes o paciente/cliente inicia ainda inseguro esse processo de retirada, sem saber que forma buscar, mas é exatamente o sentimento de quem se perdeu da forma essencial e deseja reencontrá-la. E esse reencontro só é possível quando há a disponibilidade do processo contínuo de retirar, ainda que sem saber aonde este caminho levará.

O reencontro da forma ali contida e escondida dá-se de forma singular. Cada imagem ou símbolo encontrado é única/o, remetendo-nos ao reencontro da verdade de cada sujeito, sua singularidade.

Mas nesse trabalho também emerge uma segunda questão: o que fazer com os restos, com tudo aquilo que foi retirado? No processo terapêutico essa reflexão faz-se muito simbólica pois há um convite a se nomear tudo aquilo que fez parte da construção do sujeito, e agora ele retira. Há uma grande tomada de consciência e decisão sobre quais conteúdos devem efetivamente ser jogados no lixo ou quais não podem ser simplesmente descartados, mas necessitam ser transformados para que não pesem da mesma forma.

Esse processo tem se demonstrado profundamente tocante para aqueles que o experienciam, pois convoca a responsabilização de cada sujeito, para que ele se perceba e tome uma nova postura em relação àquilo que ele é e àquilo que lhe causa sofrimento.

*

ELIANA MORAES – Arteterapeuta: AARJ – 579 e Psicóloga: CRP 05/36580. Especialista em Gerontologia e Saúde do Idoso pela faculdade Unyleya; MBA em História da Arte pela Universidade Estácio de Sá. Fundadora e coordenadora do Não Palavra Arteterapia. Escreve e ministra cursos, palestras e supervisões sobre as teorias e práticas da Arteterapia. Atendimentos clínicos individuais e grupais, presenciais e *on-line* em Arteterapia. Integrante do corpo docente de cursos de formação em Arteterapia no Rio de Janeiro e São Paulo. Autora do livro *Pensando a Arteterapia*, vols. 1 e 2 pela Semente Editorial.

Referências Bibliográficas

FREUD, S. *Sobre a psicoterapia*. Obras Completas: Vol VII. (1905)

Refletindo sobre monotipias

Por Liane Esteves - RJ
Publicado em 07/05/18

As águas de março lavaram minha Alma e os excessos, prepararam a terra para receber as folhas secas, que plenas de histórias adubarão o solo onde dormirão em sono profundo. Uma profusão de imagens emergirá dos sonhos e inspirará os rebentos da primavera! E então novas emoções serão gravadas, novas impressões surgirão num ciclo ininterrupto de renascimento e morte, de cujas cinzas surgirão as novas estações.

Em um momento propício e fecundo, durante o recesso de carnaval de 2018, recolhi-me com a finalidade de refletir sobre meus estudos recentes para uma série de oficinas que desenvolvi com o objetivo de pensar e praticar terapeuticamente a linguagem da gravura. Após meses de gestação dessas oficinas, que denominei "Gravando Emoções", minhas percepções jorravam como as chuvas de verão. Um dia após a quarta-feira de cinzas acordei com as palavras brotando pelos poros. Com o lápis na mão deixei grafado esse turbilhão de pensamentos e emoções. Durante um mês, em sincronia com as águas de março que fechavam o verão, cuidei e reguei essas emoções e reflexões em sua própria água, uma verdadeira *solutio*. Ao findar a estação, tinha concluído a primeira parte deste projeto, minhas impressões sobre a monotipia, cujo resultado partilho a seguir.

A monotipia é considerada uma técnica simples da gravura, consistindo na pintura de uma imagem sobre uma superfície plana (ferro, metal, vidro, madeira etc.), seguida de sua impressão em uma folha de papel. É tão simples que costuma ser usada em escolas com crianças bem pequenas. Tamanha simplicidade, porém, remete-nos a reflexões bastante profundas revelando complexidades que nos escapam em uma observação superficial. Compartilho da opinião de Oscar Wilde[1] quando disse: *"Adoro as coisas simples. Elas são o último refúgio de um espírito complexo."*

Se formos pensar na complexidade de nossos pensamentos e ações, não pensamos, escapamos. É nessa fuga que as imagens nos inundam, vindas de um inconsciente reprimido e sombrio. Elas vêm em sonhos, pinturas, desenhos, colagens, modelagens, poesias e onde mais permitirmos. São estranhas, incompreensíveis, enigmáticas e muitas vezes tão bonitinhas que nos permitimos enganarmo-nos por sua beleza, fofura e graça. Desviamos o olhar daquilo que é potente, da mensagem oculta por onde deveria ir o pensamento. Simplificamos! E ainda completamos com frases como: *Tá tão bonitinho...; Ihhh tá horrível...; Não sei fazer isso...; Credo que horror...; Adorei...; Amei...; Não entendi nada...; Que doideira...* Depois simplesmente jogamos fora, guardamos na gaveta, enfiamos embaixo do tapete ou deixamos esquecido em qualquer canto escuro e profundo. *Ahhhhhh*, respiramos aliviados! Pronto, resolvido! Será?

Andei pensando em um remédio para isso, um remédio bem simples para cuidar das coisas que insistimos em simplificar.

---

[1] Oscar Wilde (1854-1900) foi um influente escritor, poeta e dramaturgo britânico.

Algo parecido com o princípio da homeopatia: semelhante cura semelhante. O remédio chama MONOTIPIA, aquela mesma que expliquei ali em cima, lembra? Simples, tão simples, que até criancinha faz (sem desmerecer as crianças, por favor)! A cura? Essa acontece quando compreendemos a frase de Oscar Wilde ou quando uma pulga atrás da orelha nos faz levantar o tapete e ver quanta coisa tem ali debaixo. Na realidade, vamos levantar a folha de papel (e não o tapete) para ver o que aparece. Explicarei melhor na receita do bendito remédio, que coloco a seguir.

PASSO A PASSO PARA FAZER UMA MONOTIPIA:

1) pegue uma superfície plana (ferro, metal, vidro, madeira etc.) menor ou igual ao tamanho de uma folha qualquer de papel (de preferência com maior gramatura);

2) faça uma pintura sobre ela com guache ou outra tinta de que disponha;

3) pegue a folha de papel e coloque-a delicadamente sobre a pintura;

4) passe a mão por cima de toda a folha, fazendo certa pressão para que ela absorva a tinta e a pintura que você fez;

5) retire delicadamente a folha, puxando por um dos cantos;

6) observe a imagem que ficou impressa na folha;

7) observe como ficou a pintura original sobre a superfície que pintou. Se desejar, continue imprimindo outras folhas, quantas quiser ou até não sair mais tinta nenhuma. Essas impressões são chamadas de fantasmas (você vai descobrir por quê).

Simples, não? Um detalhe é muito importante nas monotipias: você pode se automedicar à vontade e sem efeitos colaterais, mas nada disso vai funcionar se a base do processo não for um caminho focado no autoconhecimento e conduzido por um bom arteterapeuta ou psicoterapeuta que utilize as linguagens artísticas em seus atendimentos. O mínimo que pode acontecer é você se divertir bastante, mas também pode se chatear se não gostar de surpresas, pois elas acontecem em monotipia. O máximo e o desejável a acontecer é descobrir um atalho para o refúgio das complexidades, parafraseando Oscar Wilde. É pegar o ego no pulo!

Por coincidência (sincronicidade, como diria nosso caro Jung) o item sete do passo a passo descrito acima é justamente a etapa que revela os fantasmas! Incrível, não? Lembrem-se que o sete é considerado um número sagrado, místico e mágico. Mas não tem magia nem sobrenaturalidades; são vestígios, pistas. Cá para nós, acho que tem muita alquimia, mas isso já é outro papo.

O que de fato acontece no item sete da monotipia é que as imagens impressas são fantasmas ou vestígios da pintura original. A cada nova impressão os vestígios ficam mais tênues, os excessos vão sumindo e revelando aquilo que é simples e que ficou perdido em nossa complexidade. Ou então, revelando nossa complexidade de forma muito simples.

É simples, porém complexo ao mesmo tempo. Tentarei elucidar alguns aspectos desse processo.

Inicialmente gostaria de esclarecer que o termo monotipia sugere apenas uma impressão (do grego: *monos* – um, e *typos* – impressão). Mas não precisamos ficar limitados à nomenclatura, podemos chamar os fantasmas para ajudarem a clarear a situação e limpar os excessos. Só para citar um exemplo na história da arte, Edgar Degas (1834-1917) fez belíssimas obras a partir de fantasmas.

Em se tratando de processo terapêutico, a primeira impressão da monotipia já é bastante reveladora. Em primeiro lugar porque traz a imagem invertida da pintura feita, como num espelho. O que se pintou sobre a placa mostra-se diferente ao levantarmos a folha, está ao contrário e causa surpresa, às vezes até estranheza. As nossas verdades absolutas pregam-nos uma peça, percebemos a realidade por outro viés, enxergamos por outro ângulo forçosamente, pois o que fizemos originalmente não é o que se revela para nós. Temos a possibilidade de ver o outro lado da moeda, analisar de outra forma o que foi feito. Será que o que fazemos tem apenas uma versão, será que podemos pensar e ver nossos gestos e atitudes de outra maneira? É bastante interessante sugerir a monotipia para pessoas que não conseguem perceber situações de forma clara, para as que estão habituadas a agir sempre da mesma forma com padrões fixos e enrijecidos ou para os perfeccionistas. Mas também funciona em outras situações, pois é uma oportunidade de avaliar e ver uma nova perspectiva, de criar novas formas de atuação a partir de um olhar diferente ou invertido sobre o que se faz, de criar novos caminhos e soluções, de descobrir que pode haver uma forma mais interessante de pensar. Também podemos nos questionar quanto à nossa impressão sobre nossas atitudes e sobre como na verdade elas se mostram na impressão feita na folha. O que fazemos? Como se revela? Como impressionamos ou como nos deixamos impressionar também são reflexões possíveis e cabíveis na monotipia.

As demais impressões – ou os fantasmas – são depurações. A imagem vai sumindo até desaparecer completamente, se prosseguirmos com o processo. Vamos retirando matéria, camadas de ilusão que construímos ao longo da vida, vamos clareando e simplificando as situações. Às vezes basta um fantasma para dar conta do recado, outras vezes pode-se precisar de mais alguns. Não há receita de bolo, depende de cada caso.

Eventualmente, o impacto das impressões pode ser grande e é sempre prudente oferecer outros materiais – como lápis de cor, pastéis ou canetinhas – para aplicar sobre a monotipia seca. É um momento importante de resgates e constatações, de corrigir falhas, de dar novas cores e formas ao que se revelou.

O gesto ao pintar e imprimir é bastante simbólico e denuncia comportamentos rotineiros nas mais variadas situações. Podemos colocar muita ou pouca tinta, movimentar o pincel de forma ampla ou restrita, pressionar delicadamente o papel ou colocar todo o peso do corpo sobre ele. A tinta pode escorrer e extravasar pelas bordas do papel, pode ser suficiente ou insuficiente. Podemos nos decepcionar, surpreender, encantar, questionar... Cada gesto gera um resultado e cada qual revela um modo de ser. Quanta riqueza de detalhes, quanta subjetividade e informação gravadas numa folha de papel com uma técnica tão simples...

Enfim, *adoro as coisas simples. Elas são o último refúgio de um espírito complexo!* Gratidão, Oscar Wilde, por inspirar-me nessas reflexões sobre a monotipia, a vida e a arte, e pela constatação de que a simplicidade da vida e da arte pode nos conduzir à descoberta de nós mesmos, e ao mesmo tempo abrigar nossa complexidade e multiplicidade.

*

LIANE ESTEVES – Arteterapeuta e Arte-educadora; Especialista em História da Arte e em Psicologia Junguiana. Faz atendimentos individuais e facilita oficinas e vivências em Arteterapia. Leciona Artes Visuais na rede pública de ensino do Rio de Janeiro. Acredita na Harmonia, Amor e Respeito entre os Seres.

Referências Bibliográficas

ARGAN, Giulio Carlo. *Arte Moderna.* São Paulo: Companhia das Letras, 1992.

ARIEIRA, Gloria. *O yoga que conduz à plenitude.* Rio de Janeiro: Sextante, 2017.

EDINGER, Edward. *Anatomia da Psique: o simbolismo alquímico na psicoterapia.* São Paulo: Cultrix, 2006.

OSTROWER, Fayga. *Universos da Arte.* Rio de Janeiro: Campus, 1984.

SHRIMPTON, R. H. *Monotipia: Uma investigação Técnica e Artística.* Algarve, 2012. Dissertação (Mestrado em Comunicação, Cultura e Artes) – Universidade do Algarve, 129pp. Disponível em: https://sapientia.ualg.pt/bitstream/10400.1/3522/1/Monotipia170513.pdf

VON FRANZ, Marie-Louise. *Alquimia – Introdução ao simbolismo e à psicologia*. São Paulo: Cultrix, 1980.

WEISS, L. (2003). "Monotipias, algumas considerações". *Cadernos de [gravura]*, Campinas nº 2, pp.19-27, nov. 2003. Disponível em: https://www.iar.unicamp.br/cpgravura/cadernosdegravura/downloads/p2_GRAVURA_2_nov_2003.pdf

Kandinsky, a aquarela e o sentimento: O relato de uma experiência

Por Suzane Guedes - RJ
Publicado em 30/10/17

No início de 2015, fui ao CCBB (Centro Cultural do Banco do Brasil) no Rio de Janeiro, ver uma exposição de Wassily Kandinsky. Este centro de cultura me remete ao Sagrado, a um lugar de paz e encontro com minha essência. Estava prestes a começar minha formação clínica em Arteterapia, mas era crua em teoria da arte, minha visão era pelo sentimento e sensação que as obras me provocavam. E com Kandinsky esse sentimento foi intenso, forte e visceral. Posso dizer que nessa exposição me senti inebriada com suas obras. Suas imagens me absorviam e me emocionavam, foi uma experiência única e de alma.

A trajetória no curso de formação ampliou meu olhar para a arte. Um olhar antes leigo, mas apaixonado, sentiu a necessidade de conhecer mais, de aprender mais. Fui desafiada pela Arteterapia, mas também enriquecida por ela. Abriram-se outros mundos dentro de mim, outras possibilidades de crescimento e ampliação do meu desenvolvimento pessoal e social.

Eis que chega um ponto do curso em que precisávamos escolher a linguagem na qual iríamos trabalhar nosso projeto pessoal; tinha que ser um desafio e, intuitivamente, não tive dúvidas: seria a Aquarela.

Mergulhei nesse processo de corpo e alma. Fiz aulas práticas, li sobre o tema e principalmente, produzi bastante. E dentro de meus estudos, quem estava lá sempre presente? Kandinsky. Esse que se tornou meu "muso" em 2015 naquela visita ao CCBB. Descobri que foi o primeiro pintor a fazer uma arte abstrata em aquarela; descobri que ele ligou a arte ao espiritual, como uma experiência de transcendência; descobri que a data de seu nascimento é a mesma data do nascimento do meu marido. Muita sincronicidade, diria Jung, não?

No livro *Do espiritual na arte*, Kandinsky brinda-nos com sua fala sobre a ressonância espiritual da arte na alma. Diz ele que essa é uma necessidade interior e constitui o princípio básico de todo trabalho artístico. O autor acredita também que a abstração pura e o realismo puro entram na dialética da necessidade interior, que a arte em desordem atingirá, assim, um estado absoluto de pureza. Não seria então a abstração, esse estado de pureza? Essa arte que atinge a alma?

Acredito que a aquarela cumpre bem esse papel, pois permite fluidez, leveza e um estado de abstração e condução a sentimentos profundos. Essa linguagem possibilita acessos ao inconsciente, não sente necessidade de se articular com a função pensamento (mesmo havendo possibilidades de acessá-lo de acordo com a técnica utilizada). E, especialmente em um espaço de nossa cultura tão voltada para o racional, faz-se necessária a produção de vieses que estimulem a função sensação e sentimento. Kandinsky aponta que "*toda obra de arte é filha de seu tempo e, muitas vezes, mãe dos nossos sentimentos*"; a aquarela seria, então, um artifício mais que contemporâneo para as necessidades de nossos tempos atuais, que cada vez mais necessitam de leveza e fluidez.

Kandinsky aponta também, no livro citado acima, que após um período de produção materialista, onde os sentimentos elementares – como medo, tristeza e alegria que lhe serviram de inspiração – já não são tão relevantes, o artista busca agora sentimentos, segundo ele "*matizados, ainda sem nome*", que seriam "*emoções mais delicadas que nossa linguagem é incapaz de exprimir*".

Acredito que a aquarela possibilita esses encontros mais profundos, de alma; posso dizer que meu encontro com a aquarela foi para além de um encontro com cores, tons e luzes. Foi um encontro intuitivo e espiritual. Estar entre pincéis e tintas aquareláveis e com um papel diante de mim, ao contrário de algumas outras técnicas, me traz alegria e muitas vezes fui tocada por profunda emoção.

E qual seria, então, a função da arte? Qual a nossa função enquanto arteterapeutas ao utilizar a arte como ofício e instrumento de trabalho? De acordo com Schumann, citado por Kandinsky, "*projetar a luz nas profundezas do coração humano, eis a vocação do artista*"; citando ainda Tolstói, "*um pintor é um homem que pode desenhar e pintar tudo*".

E nesta última linha de raciocínio, acredito que seja função do arteterapeuta dar espaço ao outro para que possa ser, pintar, criar o que quiser e puder no espaço de tempo presente; acolhendo seu mundo e sua psique, sua história, ancestralidade, funções tipológicas, dando espaço ao desenvolvimento do outro, sua expressão mais genuína e essencial, seu Si mesmo.

*

SUZANE GUEDES – Psicóloga (CES-JF); Especialista em Psicologia Desenvolvimento Humano (UFJF) e Arteterapeuta (Pomar). Colunista no *blog* O psicólogo (*on-line*) sobre autoestima. Colaboradora no *blog* Não Palavra sobre Arteterapia e Psicologia. Atendimento a crianças, jovens e adultos em Arteterapia, Psicoterapia, Orientação Profissional e Orientação Psicológica *on-line*. Acredita na Arteterapia e Psicoterapia como grandes ferramentas de auxílio à transformação e desenvolvimento pessoal e social.

Referências Bibliográficas

CIVITA, Victor. *Gênios da pintura: Wassily Kandinsky*. São Paulo: Abril Cultural, 1968.

GUEDES, Suzane. *Aquarela: na fluidez dos sentimentos*. Projeto pessoal para conclusão de curso na formação clínica em Arteterapia da Pomar. Rio de Janeiro, 2017.

KANDINSKY, Wassily. *Do espiritual na arte e na pintura em particular*. Tradução Álvaro Cabral, Antônio de Pádua Danesi. São Paulo: Martins Fontes, 2015 (3ª edição).

NEVES, José. P. "Aquarela: uma contribuição à prática terapêutica num ateliê". *In: Arteterapia – Coleção Imagens da Transformação*. Número 11 – Volume 11, 2004.

PHILIPPINI, Angela. *Linguagens e materiais expressivos em arteterapia: uso, indicação e propriedades*. Rio de Janeiro: Wak Editora, 2009.

O bordado como instrumento de arraigamento e condutor de vida

Por Tania Salete Moreira - RJ/CE
Publicado em 19/03/18

"O mais importante do bordado
É o avesso...
O mais importante em mim
É o que eu não conheço
O que de mim aparece
É o que dentro de mim Deus tece...
É o segredo do ponto
O rendado do tempo
É como me foi passado o ensinamento."

J. Vercilo

Introdução

O bordado é um ofício milenar e intergeracional, consistindo na arte de ornamentar os tecidos com fios diferentes, coloridos, formando desenhos. A palavra bordar, etimologicamente, também quer dizer "seguir junto à borda, orlar, margear, delimitar as margens". O ato de bordar provém da tecelagem e há registros dessa atividade na pré-história, quando se teciam peles de animais para vestimentas usando ossos como agulhas.

Nas antigas civilizações que se desenvolveram às margens do rio Eufrates, a arte do bordado foi muito cultivada. Os romanos descreviam o bordado como "pintura de uma agulha".

Em alguns textos bíblicos, no Velho Testamento, encontramos referências ao bordado como atividade manual importante e artística.

Na Idade Média, principalmente, o bordado estava vinculado à nobreza e à religiosidade; algumas peças eram confeccionadas em conventos para ornamentar e diferenciar vestimentas comuns daquelas usadas em cerimônias especiais. Só mais tarde adquiriu *status* de lazer e ocupação do tempo livre, principalmente para as mulheres das classes mais elevadas. Desse modo ampliou-se o escopo e foi possível criar figuras, desenhos, contornos e aplicação de cores e pontos variados.

Historicamente o bordado estava atrelado ao universo feminino e, durante muito tempo, foi disciplina obrigatória e inseparável do currículo de uma "boa esposa", assim como cozinhar, tricotar, cuidar dos filhos e da casa. A despeito desse estigma, o bordado atualmente vem ganhando força e outros significados, ocupando novos espaços, conquistando públicos de diferentes culturas e ocupações, servindo, inclusive, de tema de estudo e tese no meio acadêmico, além de ser utilizado como técnica terapêutica no âmbito da Arteterapia.

Como ferramenta de conscientização política, o bordado é reconhecido como possibilidade de fonte de renda familiar, dando maior autonomia às mulheres, e até como instrumento de denúncia de condições abusivas e repressivas – como no caso das mulheres no Chile, onde existem as *Arpilleras*, técnica de bordado utilizada para denunciar as violações cometidas pela ditadura militar no país, na época do ex-presidente Pinochet. As *Arpilleras* foram criadas por um grupo de bordadeiras de Isla

Negra, no litoral chileno, que costuravam à mão imagens feitas de retalhos e distribuídas clandestinamente. Essa mesma técnica que relata, através do bordado, as angústias, dores, a vida e o cotidiano de uma comunidade, serviria de fio condutor para o desenvolvimento do documentário "*Arpilleras: bordando a resistência*[1]", sobre pessoas atingidas por barragens no Brasil.

Da fragmentação à desfragmentação – o bordado na Arteterapia: um relato pessoal

Em Arteterapia, a construção do símbolo significa concretização do "não dito" ou daquilo que as palavras não alcançam. Erica Fonseca afirma que:

> Ao olhar para o símbolo, o indivíduo adquire a capacidade de olhar seu sentimento sob outra dimensão e com isso elabora outros tantos sentimentos que podem acolher essa dor, aceitá-la para depois transformá-la como parte de seu desenvolvimento, de sua superação. (FONSECA, 2015, p.53)

Em um tempo recente, precisei mudar toda minha vida – familiar, profissional, relacional – em função de transferência para outro estado. Apesar do entusiasmo pelas novas possibilidades que um lugar diferente pode causar, lidar com a realidade dessa mudança repentina não foi fácil. Passados os primeiros momentos, fui envolvida por sentimentos ambíguos e, em pouco tempo, sem a estrutura anterior que me permitia algu-

---

[1] *Arpilleras: atingidas por barragens bordando a resistência*
https://www.youtube.com/watch?v=U1Q-36to_ul

ma segurança emocional, passei a perceber-me fragmentada, partida e sem chão ou raízes. Parecia, literalmente, ter sido "desarraigada" da vida.

Buscando o desejável acolhimento junto à Arteterapia, o bordado surgiu como um caminho natural para iniciar o processo de arraigamento ou enraizamento. Essa possibilidade de lidar com linhas coloridas, bastidor, agulha, tesoura, vários pontos, remeteu-me ao passado, quando minha avó me ensinava várias atividades manuais como bordado, tricô e crochê, "para sossegar essa menina um pouco", dizia ela.

Assim como as demais técnicas artísticas empregadas na Arteterapia, o bordado não está associado à questão da estética, e, sim, ao que representa para o indivíduo como função simbólica. Nesse contexto específico, para além de suas funções próprias – como a possibilidade de escolha, atenção, minuciosidade, delicadeza, ritmo, gradualidade, experimentação, lidar melhor com erro, pelo fazer, desfazer, refazer – o bordado teve a função de preencher os espaços, ligar os pontos, seguir um risco, um caminho traçado pelo desenho escolhido (que já é um símbolo) e, principalmente, dar contorno ao trabalho, à vida. A atividade, uma vez iniciada, conscientizou-me de que era preciso fixar bem os pontos, que não poderiam ser nem frouxos nem apertados demais, e equilíbrio foi a meta a conquistar. Naquele trabalho fui automaticamente absorvida pela sensação de introspecção e concentração.

Pouco a pouco, ponto a ponto, o sentimento anterior foi dando espaço a novas percepções, como no processo de "desfragmentação". Desfragmentar é "ação de reorganizar, juntar arquivos fragmentados em um só local do disco rígido". Interessante que essa palavra advinda da informática rima com individuação, autoavaliação, construção e integração.

Conclusão

O bordado manual estimula a criatividade e as ações equilibradas, eleva os níveis de concentração e tranquilidade mental. Além disso, amplia a sensação de plenitude e prazer, além de outros benefícios. Fonseca cita:

> (...) legitimar o bordado como recurso arteterapêutico é trazer para seu contexto inúmeras possibilidades de representações simbólicas. Ao tecer, o paciente entra em contato com sua ancestralidade, suas crenças e sua história (...). (*Ibidem*, p.55)

Ainda pensando na atividade com as mãos como instrumentos de arraigamento, Philippini afirma:

> (...) mãos ferramentas de muitos bordados, delicadas tramas de afetos, desejos e emoções. No processo arteterapêutico, ao colocá-las em movimento, vamos redescobri-las como sensíveis instrumentos de captação do mundo (...). É preciso ativar as mãos como instrumentos terapêuticos em suas inúmeras possibilidades de execução, pois a cada transformação externa com os materiais expressivos, analogamente são geradas transformações internas. E nesse universo de mãos e materialidade construímos nossa autonomia expressiva e ativamos nosso processo criativo; desse modo, essas mãos são instrumentos potenciais de germinação e construção. (Philippini, 2008, p.68)

Diante dessa experiência pessoal ficaram claros para mim os novos traços e riscos que podem surgir nesse novo espaço em que agora transito. Conhecer novos costumes, novos cheiros, sabores, ter outros amores; dentre eles, o bordado. Afinal, estar na terra de tantas bordadeiras é dar asas à imaginação, à criatividade e à vida.

*

TANIA SALETE MOREIRA – Graduação em Fonoaudiologia; pósgraduação em Psicopedagogia (Uerj); Especialização em Arteterapia pela Pomar, Rio de Janeiro. Atuou com grupos terapêuticos e de apoio em casa de recuperação feminina e masculina. Faz atendimentos na modalidade *on-line* para Grupos de Mulheres através do Projeto Rede. Natural do Rio de Janeiro, residindo atualmente em Fortaleza.

Referências Bibliográficas

FONSECA, Erica L. "O Bordado como representação simbólica no atendimento arteterapêutico". *In Arterevista*, número 5, 2015.

PHILIPPINI, Angela. *Cartografia da Coragem*. Rio de Janeiro: Wak Editora, 2008 (4ª edição).

________________. *Linguagens e materiais expressivos em Arteterapia*. Rio de Janeiro: Wak Editora, 2009.

VASCONCELOS, Isabella Karim M. F. *Uma prática, um bem cultural: uma história sobre o bordado na cidade de Passira/* PE – Tese de Mestrado em História. UFRPE, 2016.

Papel *mâché*, papel *collé*, modelagem, criatividade e fazer

Por Vera de Freitas - RJ
Publicado em 12/03/18

Para o curso de formação clínica em Arteterapia é necessária a escolha de uma linguagem para estudo e apresentação de projeto pessoal. Durante o curso conhecemos e experimentamos diversas linguagens e materiais. Defini a linguagem que estudaria para o meu projeto durante a aula de confecção de personagens, usando a massa de papel *mâché* semipronta (industrializada). Nessa aula descobri a necessidade de estrutura para modelagem. E descobri também que esse seria meu grande desafio: conhecer algo que sempre me interessou e entender sua importância terapêutica.

Sempre soube que seria necessário mais do que receitas e dicas, facilmente encontradas na internet, para a produção de um bom trabalho. E por isso produzia peças com a técnica do empapelamento, papietagem ou *papier collé*, também considerado um tipo de papel *mâché*, pelo seu resultado.

Sendo o *papier collé* a colagem sucessiva de lâminas de papel, significa revestir de papel, sobrepondo camadas com cola.

Tive a sorte e a oportunidade de fazer um curso prático, a tempo de orientar meu projeto, com a artista plástica Carol W. Cunha, de Porto Alegre. Conhecer a linguagem e aprender o papel *mâché*, que sempre me interessou e me encantou, foi meu grande desafio. Estudei, pesquisei, experimentei, planejei, criei. E quanto mais criava, mais queria criar. Foi um desafio apaixonado. Fazer papel *mâché* é criar, crescer, planejar, estruturar, renovar e transformar.

A LINGUAGEM

O papel *mâché* é uma técnica de modelagem bastante rica no que diz respeito aos métodos de confecção – tanto da massa como dos produtos criados com ela. É uma arte milenar, tendo como insumo principal o papel (reciclado), e suas principais características são a versatilidade, resistência e durabilidade.

Depois de seca, a massa possui propriedades da madeira. A massa do papel *mâché* é utilizada para cobrir superfícies, quase uma pele, e por isso é necessária uma boa estrutura como base.

O nome *papier mâché* tem origem francesa, e significa papel picado, amassado e esmagado. Embora a origem francesa do nome, o papier *mâché* foi inventado na China e remonta à descoberta do papel, por volta de dois séculos antes de Cristo. A história do papel *mâché* está intimamente relacionada com a própria história do papel, seu principal insumo. E apesar de os chineses terem descoberto o papel e serem considerados os precursores do papel *mâché*, foi através dos franceses que essa arte difundiu-se.

São duas as possibilidades de confecção da produção de peças em papel *mâché*: a colagem sucessiva de lâminas de papel sobrepostas (papel *collé*) e a pasta de papel para modelagem (papel *mâché*).

Existem inúmeras receitas e formas de se chegar a essa massa e fazer a modelagem, contudo, o exercício continuado, a prática da técnica pode nos levar a um material mais fácil e adequado para a proposta pessoal.

É possível também fazer a massa com vários tipos de papel (jornal, folhas de sulfite, caixas de ovos, papelão, papel higiênico etc.) e de diversas maneiras, com texturas e resultados também diferentes. Trata-se de uma técnica interessante também no aspecto de seu custo baixo, versatilidade e produção ecologicamente correta, usando materiais que seriam descartados – evitando-se, com isso, o aumento do lixo de materiais de difícil decomposição, como plástico, embalagens, garrafas pet, entre tantos outros.

A modelagem

Esta é uma atividade basicamente sensorial, por ser trabalhada com as mãos e proporcionar estruturação, passando-se da desordem à organização. Trabalha também com a psicomotricidade, pois requer articulações excessivas das mãos, além da sensação tátil que fornece um diálogo com a imagem que está sendo criada.

É uma linguagem com experiências de volume e tridimensionalidade que traz desafios de organização espacial, planejamento e capacidade de formar estruturas mantendo o equilíbrio e intensificando a experiência com o tato e com as sensações. Além disso, ativa processos de observação e criatividade, incentiva para o reaproveitamento de materiais, e exercita a paciência e a delicadeza.

Essa atividade é recomendada para pessoas muito rígidas, já que o contato muscular das mãos acarreta o relaxamento e a liberação de tensões. Há uma troca de energia entre as mãos e a massa, a técnica exige uma canalização adequada de energia, por partir do nada para a criação de algo. Pode ainda ser esse um primeiro passo para outras linguagens, como pintura, colagem etc.

Assim, ao trabalhar com modelagem em papel *mâché*, criando e dando forma a algo, com o amassar, mudar e criar, podemos dar forma a imagens que emergem do inconsciente e, com isso, compreender e assim ordenar, configurar e ressignificar.

Jung acreditava que, de forma organizada através das atividades artísticas, o homem poderia organizar seu caos interior por meio do processo criativo, fazendo, com a linguagem simbólica, aflorar aspectos inconscientes. Isto é: dar concretude às imagens do seu interior, podendo resultar uma transformação interna e melhorar sua relação com seu ambiente.

A atividade de modelagem pode ser definida como a atividade de um corpo que faz outro corpo. E em Arteterapia acreditamos que ao transformar a massa, atribuindo-lhe significado, ocorrem, analogamente, processos de transformação subjetiva na pessoa que a manipula.

*

VERA DE FREITAS – Advogada; fomação e pós-graduação em Arteterapia (Pomar); pós-graduação em Envelhecimento Ativo (Pomar). Administradora do Instituto Venha Conosco – Tijuca, RJ. Professora de Iniciação Artística – Instituto Zeca Pagodinho. Facilitadora de grupo de Arteterapia para adultos, atendimento individual e grupo de Desenho Livre. *Ateliê* de papel *machê*.

Série olhares sobre os mitos: Hécate e a sucata

Laila Alves de Souza - PR/RJ
Publicado em 25/06/18

O estudo das mitologias alude ao conhecimento do nosso mundo psíquico, onde os deuses representam nossas forças arquetípicas e os mitos representam nossos processos internos e externos. Desse modo, o conhecimento desse estudo permite-nos compreender a psique humana.

A psicologia arquetípica, especificamente, evidencia a importância daquilo que nos ensina a mitologia. Os deuses estão presentes na psique e na cultura, e a negação de um deles repercute na estrutura psicológica do indivíduo.

Nesse texto entraremos em contato com uma deusa desprezada, pertencente ao âmbito do ctônico e do escuro. A deusa Hécate.

Na mitologia grega, a deusa Hécate é considerada uma deusa sombria e infernal. Assim como Perséfone, é uma deusa dos mortos. Como se encontra longe do âmbito da luz – e, sendo a luz um dos símbolos da consciência –, essa deusa reside nos escombros de nossa psique, ou seja, no escuro do inconsciente. Com seu conceito de sombra, C. G. Jung mostrou que é nesses escombros que reside muito de nossa energia psíquica – e, sendo essa não consciente, pode agir autônoma e perturbadoramente, sem a orientação do ego. Considerando que Hécate pertence a esse terreno ou esse terreno pertence a Hécate, o olhar para ela é de fundamental importância para a saúde psíquica. Sobre a deusa vemos em Chevalier & Gheerbrant:

> Enfim, a nigromante das aparições noturnas simbolizaria o inconsciente, onde se agitam as feras e monstros: o inferno vivo do psiquismo, mas também reserva de energias a organizar, como o caos se organizou em cosmo sob a influência do espírito. (Chevalier & Gheerbrant, 2009, p.485)

Hécate também está associada ao lixo, à podridão e aos restos. De acordo com Hillman, essa deusa "(...) torna sagrados os lixos da vida, de forma que tudo conta, tudo importa." (Hillman, 2013, p.70). Dessa forma, honrar essa deusa significa iluminar nossos lixos psíquicos, aquilo que não prestou para nossa casa egoica, ou seja, aquilo que apresenta característica desagradável e incompatível.

Não é à toa que, por governar tais atributos, essa deusa tenha sido esquecida no arcabouço dos mitos. Não é comum, inclusive, ter a presença de Hécate ao pegarmos compilações sobre deuses gregos. Por mais que um dos indícios também seja o de que a deusa não tem um mito próprio, essa exclusão pode vir desses atributos considerados fétidos e feios aos olhos da consciência.

A sucata

A sucata pode se apresentar como um material sob domínio de Hécate. Aquilo que aparentemente se mostra como resto e lixo, sob os desígnios dessa deusa transforma-se em material e energia possíveis de serem trabalhados; é o que o Hillman coloca como "*tudo conta, tudo importa*".

O trabalho já começa no olhar sobre aquilo que seria lixo. Essa análise sobre qual material pode virar sucata e qual não, é um trabalho que, na perspectiva da psique, já está se mexendo na sombra. O ego com sua orientação consciente e unilateral já descartaria qualquer resto, mas na psique Hécate tem seu lugar sagrado, ou seja, para a psique esses restos têm seu lugar.

Depois de discriminar o que pode virar sucata, o trabalho consiste em construir algo com aquilo que parece ser um amontoado confuso e sem sentido. As energias inconscientes apresentam-se dessa mesma forma para o ego consciente. Vários mitos e contos retratam tal dinâmica de amontoados de elementos (geralmente vários tipos de grãos misturados) onde o herói ou a heroína precisam enfrentar o trabalho de separar e classificar. Vemos isso no mito de Psiquê e no conto da Vasalisa, por exemplo.

O olhar, manusear, separar e compor a sucata é um trabalho que exige disposição psíquica, pois pede um olhar e um diálogo para dentro de nós. Se não houver esse movimento ficaremos na superficialidade e só veremos um conjunto de coisas que poderiam ser jogadas fora. É um trabalho que propicia contato com novas forças arquetípicas, no caso, com a força de Hécate.

Esse olhar permite, por exemplo, que uma lata velha venha a ser o corpo de um boneco, e, a partir disso, o corpo presentifica-se. Mas como é esse corpo? Duro como uma lata ou mais macio como um rolo de papel higiênico? As fitas coloridas são usadas para enfeitar (entrando em contato com Afrodite)? Ou a obra compõe-se com embalagens nuas e sem enfeites (entrando em contato com a sobriedade)? O manuseio da cola quente é exagerado ou se coloca pouca cola? Percebemos aqui questões de firmeza/rigidez ou flexibilidade/frouxidão.

Um mundo de possibilidades descortina-se nesse tipo de trabalho, abrindo-se, também, o mundo psíquico. Todo esse processo consiste no que a psicologia arquetípica proposta por James Hillman fala do *"fazer alma"*, ou seja, **a alma faz-se na experiência**.

A psicologia possibilita, portanto, a expressão daquilo que se encontra inconsciente em nós. No presente caso, a força arquetípica de Hécate traz o sagrado ao olhar para os lixos e para o que subjaz em nosso subterrâneo psíquico. E a Arteterapia, por sua vez, vem reforçar essa expressão, dando forma e corpo ao aspecto inconsciente. Aquilo que antes era nebuloso e até mesmo desagradável tem agora uma imagem, imagem material e palpável. Imagem que fala e nos espelha sobre nós mesmos.

É a transformação dos escombros em arte!

*

LAILA ALVES DE SOUZA – Psicóloga; pós-graduada em Psicologia Clínica na abordagem da Psicologia Analítica. Atendimentos clínicos pela abordagem da Psicologia Analítica no Rio de Janeiro. Integrou a Equipe Não Palavra nos anos de 2018 e 2019.

Referências Bibliográficas

CHEVALIER, J. & GHEERBRANT, *et al. Dicionário de Símbolos.* Rio de Janeiro: José Olympio, 2009.

HILLMAN, J. *O sonho e o mundo das trevas*. Petropólis: Vozes, 2013.

PRÁTICAS ARTETERAPÊUTICAS

Transdisciplinaridade:
A Arteterapia atravessa os 12 Passos

Por Paulo Antunes - RJ
Publicado em 14/10/19

O Processo Alquímico

A Arteterapia ganha espaço no universo terapêutico. A aplicação, porém, de métodos arteterapêuticos na abordagem, tratamento e manutenção da abstinência às drogas, drogadicção (dependência química), ainda carece de reconhecimento e sistematização. Praticamente, não existem arteterapeutas especializados em reabilitação de adictos (dependentes químicos). Até mesmo encontrar literatura específica como referência para trabalhos e pesquisas é navegar sem bússola. Mesmo a maioria das clínicas que anunciam "trabalhos de Arteterapia" não sabe sequer o que é Arteterapia. Não se trata aqui de premissa, mas de uma realidade. Então, vamos escrever...

Lendo artigos de Arteterapia deparei com a seguinte ideia de Ângela Philippini sobre "Transdisciplinaridade e Arteterapia".

> Parece-me que, quanto maior o afastamento da *práxis* arteterapêutica, maior também será a ênfase na tentativa de vincular Arteterapia a uma única área de conhecimento. Mas aqueles que estão realmente envolvidos com o dia a dia da prática arteterapêutica sabem, de forma visceral, que o campo é transdisciplinar. (Philippini, 1995, p.39)

Pensei imediatamente nas clínicas, centros de reabilitação, comunidades terapêuticas que cuidam de adictos e adictas, sejam de internação ou ambulatoriais. E na "profecia" de que trabalhar com adicção é trabalhar a frustração. E na massificação de tarefas terapêuticas sem o aproveitamento da ludicidade que ocupa parte da psique do adicto. E no uso abusivo de medicamentos para tratar de pacientes que apresentam – mais do que nas esferas cognitiva e psiquiátrica – comprometimento em laços afetivos, hábitos e comportamentos. E nos baixos índices de adictos que se mantêm em recuperação, ou, melhor dizendo, na enorme maioria que entra em recaída mesmo após meses de internação.

E lembrei-me do "Método Minnesota e os 12 Passos", que teve origem no estado de Minnesota, EUA, e por isso recebeu tal nome, e que é utilizado na grande maioria das instituições com esse fim.

Ora, o "Programa dos 12 Passos" é baseado essencialmente em mudanças de paradigmas, em transformações comportamentais, respeitando a individualidade de cada paciente que aceita o tratamento. Começou em 1935, com o surgimento do AA (Alcóolicos Anônimos), que deu origem ao NA (Narcóticos Anônimos), AL-Anon e NAR-Anon (familiares e amigos de compulsivos), CCA (Comedores Compulsivos), DASA (Dependentes de Amor e Sexo) e várias outras organizações anônimas que efetivamente ajudam os adictos de toda natureza e seus familiares.

Essas ideias reverberaram em minha cabeça por anos. Acompanhavam-me em clínicas por onde trabalhei, congressos, *workshops*, simpósios, curso de pós-graduação. Até que fui convidado pelos Narcóticos Anônimos para criar, produzir e montar peças de teatro juntamente com os membros daquele grupo. A partir daí o convívio com aqueles adictos, o empirismo na aplicabilidade do programa foram transformando a minha percepção dos 12 Passos, e a necessidade de uma abordagem mais dinâmica resultou no folheto "Uma Outra Perspectiva", de Narcóticos Anônimos: "Se pudermos chegar a um acordo do que **não é** adicção, então o que **ela é** talvez nos surja com maior clareza[1]". Mais adiante fala que "Ação Criativa" **não é adicção**, "embora seja um esforço interno de reconstrução ou de reintegração das nossas personalidades fragmentadas ou em desordem[2]". Pronto. Eureca! Ou melhor, Alquimia: os 12 Passos com Arteterapia!

Arte, Terapia e Ação

> Minha teoria é: se descobrir o que bloqueia uma pessoa, poderá também achar a contraparte mitológica para essa dificuldade de passagem de uma etapa para a outra. (Campbell, 1990, p. 152)

Adictos são bloqueados. "Parece que nós, adictos, tropeçamos em algum ponto desse percurso. Parece que nunca alcançamos a autossuficiência que os outros encontram[3]". Essa ideia pode ser analisada à luz dos conceitos da Psicologia Analítica de Carl Jung. Em 1934, Carl Jung escreveu para Bill Wilson, criador dos 12 Passos, e prognosticou: "(...) você (Bill) já adquiriu uma visão superior do problema do alcoolismo, bem acima dos lugares comuns que, via de regra, ouve-se sobre ele (alcoolismo)[4]".

---

[1] "Uma Outra Perspectiva". Narcotics Anonymus World Service, Inc. (1993)
[2] *Idem.*
[3] "O triângulo da auto-obsessão". Narcotics Anonymus World Service, Inc. (1991)
[4] https://passeamensagem.wordpress.com/2013/03/29/carta-de-bill-w-a-carl-jung/

Diante desse aval do mestre, e inspirado pelas palavras de Nise da Silveira, lancei-me na transcodificação da literatura dos 12 Passos para a produção artístico-terapêutica, a Arteterapia. O entendimento e a internalização do programa universal de Bill Wilson tomam as formas das imagens e símbolos do inconsciente, através de técnicas e materiais artísticos diversos.

> A palavra fracassa. Mas a necessidade de expressão, necessidade imperiosa inerente à psique, leva o indivíduo a configurar suas visões, o drama de que se tornou personagem, seja em formas toscas ou belas, não importa. (NISE DA SILVEIRA, 2001, p.142)

Os 12 Passos foram adaptados para mais de 30 irmandades anônimas para os mais variados tipos compulsivos. Primeiramente, possibilitam ao indivíduo reconhecer a sua impotência diante do objeto da compulsão e da perda de controle da sua vida; em seguida, a admissão de um poder superior, individual ou coletivo, que acolha as suas vontades, e a aceitação a novos princípios de vida. Daí por diante os Passos avançam na busca do autoconhecimento, e, finalmente, levam o adicto à jornada da individuação, que perpassa por um processo de rendição, reconhecimento do eu individual, do outro e da sociedade; personas (máscaras), sombras, arquétipos e mitos. É imprescindível ao arteterapeuta o conhecimento profundo da matéria dos 12 Passos e dos processos psicocomportamentais dos adictos.

O fazer arteterapêutico na cena dos 12 Passos é a utilização de diferentes materiais e técnicas artísticas, cada qual adaptada ao devido passo, respeitando o propósito e a proposta do passo de acordo com a linguagem e natureza dos materiais e efeitos das respectivas técnicas artísticas. Surgem com o fazer artístico, de locais de difícil acesso da psique, imagens do consciente e do inconsciente com significados arquetípicos e mitológicos, como também aparecem figuras e formas da imaginação ativa. A percepção do terapeuta tem que estar focada no que se apresenta plasmado nas imagens produzidas pelo paciente, em consonância com as suas palavras, colocando foco também nas expressões do corpo, gestual e postura, que o acompanham. A manifestação do espírito artístico, em toda sua extensão – colagem, argila, pintura, mosaico, poesia, expressão corporal, fotos, recicláveis – é o grande protagonista dessa obra juntamente com os 12 Passos de AA. O arteterapeuta estará lá para anuir, orientar e devolver ao paciente aquilo que é próprio da sua demanda psíquica.

Minha proposta é oferecer uma nova abordagem, outra perspectiva, que acate a demanda do adicto no mesmo nível de ludicidade e transcendência que os usuários, equivocadamente, buscam nos efeitos das drogas. E com arte e terapia revelar o verdadeiro potencial dessas pessoas que sofrem com as drogas o que poderia ser transmutado em criatividade.

> *Uma flor nasceu na rua!...*
> *Uma flor ainda desbotada*
> *Ilude a polícia, rompe o asfalto.*
> *Sua cor não se percebe.*
> *Suas pétalas não se abrem.*
> *Seu nome não está nos livros.*
> *É feia. Mas é realmente uma flor...*
> *É feia. Mas é uma flor. Furou o asfalto, o tédio, o nojo e o ódio.*
>
> Carlos Drummond de Andrade, *A flor e a náusea.*

PAULO ANTUNES – Arteterapeuta com especialização em Dependência Química e Outras Compulsões; Conselheiro em Dependência Química; Ator de várias peças de teatro que abordam os temas de álcool, drogas e codependências; Arteterapeuta responsável pelo Ateliê do *Self* (Icaraí, Niterói, RJ) desde 2015. Experiência clínica na competência da Dependência Química e Alcoolismo; trabalhou nas clínicas Evolução e Núcleo Integrado (RJ); bacharel em Comunicação Social. Autor do livro *Quem não Tem Problema com Droga?* pela Editora Mileto.

Referências Bibliográficas

CAMPBELL, J. *O Poder do Mito*. São Paulo: Palas Athenas, 1990.

"O triângulo da auto-obsessão". Copyright-1991 by NARCOTICS ANONYMUS World Service, Inc.

PHILIPPINI, Ângela. "A Arteterapia e suas aplicações". *In* Revista *Imagens da Transformação*, nº 2, 1995. Artigo publicado originalmente no Livro *Questões de Arteterapia*. Universidade de Passo Fundo, RS.

SILVEIRA, N. *O Mundo das Imagens*. São Paulo: Ática, 2001.

"Uma Outra Perspectiva". Copyright-1993 by NARCOTICS ANONYMUS World Service, Inc.

https://passeamensagem.wordpress.com/2013/03/29/carta-de-bill-w-a-carl-jung/

Customizando emoções:
Intarface entre Artesanato e Arteterapia

Por Silvia Quaresma - SP
Publicado em 26/04/21

Abandonando a extensiva tarefa de explicar a diferença entre artesanato e arteterapia, busco neste texto mostrar a *interface* entre dois conceitos tão próximos em sua essência e ao mesmo tempo tão distantes em seus objetivos e resultados.

Meu trabalho de pesquisa ao longo de vinte e oito anos, como artesã, possibilitou tecer reflexões a partir de uma visão abrangente, sobre o fazer artesanal. O conceito que a palavra "artesanal" adquiriu ao longo do tempo, como sendo "tudo aquilo que é feito com as mãos", torna-se muito simplista diante da perspectiva de que há uma estreita ligação entre executar e sentir. A habilidade exigida pela técnica artesanal, a necessidade da perfeição, a busca constante pela estética encontra seu contraponto na criatividade livre e descompromissada, cujo foco é a interiorização.

O processo criativo tem enfoques diferentes, quando observado pela perspectiva do artesanato ou da arteterapia. O primeiro determina apreender técnicas de uso comum, enriquecidas por habilidades individuais. Já a Arteterapia, liberta de fatores limitantes, utiliza e vê o processo criativo como facilitador, como meio para exteriorizar o que de mais interiorizado possa existir. Criar é, basicamente, formar. É poder dar uma forma a algo novo. Sobre o ato criativo:

> Em qualquer que seja o campo de atividade, trata-se, nesse "novo", de novas coerências que se estabelecem para a mente humana, fenômenos relacionados de modo novo e compreendidos em termos novos. O ato criador abrange, portanto, a capacidade de compreender; e essa, por sua vez, a de relacionar, ordenar, configurar, significar (OSTROWER, 2014, p.9)

O objetivo é ampliar o olhar do artesão a partir da Arteterapia, para que nesse processo de ampliação ele possa perceber que as técnicas artesanais transmitidas por gerações, por vezes enrijecidas e endurecidas, podem dar lugar ao fluir de ideias e sentimentos, e, que o "customizando emoções" do artesanato dá lugar ao "conhecendo emoções" na Arteterapia.

O local escolhido para a realização da proposta foi uma instituição beneficente de São Paulo, cuja finalidade maior é o desenvolvimento integral das potencialidades humanas, por meio da assistência à criança, ao adolescente, ao jovem e ao adulto com limitações intelectuais.

A instituição oferece várias atividades, entre as quais há um espaço para criação de peças artesanais chamado de "Cantinho do Artesanato" formado por voluntárias e por mães cuidadoras de atendidos do local. Dentre os objetivos do grupo está o aprendizado de técnicas artesanais e sua reprodução, assim como a produção de peças para comercialização em eventos promovidos pela instituição, visando angariar fundos.

A excelência exigida pelo artesanato satisfazia parte desse grupo; entretanto as cuidadoras pareciam buscar ali algo além, talvez alento a uma rotina conturbada pelo excesso de afazeres, talvez uma forma de amenizar as preocupações incessantes, talvez o aprendizado de um novo olhar. O Artesanato, pura e simplesmente, não atendia a essa demanda e, por vezes, frustrava, aborrecia e irritava enquanto exigia uma beleza não contemplada pela situação de vida daquelas mulheres. Notou-se, nesse momento, a necessidade de trazer a Arteterapia para aquele contexto. Dessa forma, novo projeto implantado e nomeado "Cuidando do Cuidador" passou a funcionar em dia e horários diferentes.

Optou-se por "Cuidar do Cuidador", por entender que a sociedade cobra a tais indivíduos comportamentos equivocados – como doses excessivas de coragem, renúncia, desapego – o que, muitas vezes, o distanciam de um cuidar com discernimento e equilíbrio. O objetivo do processo arteterapêutico foi o de fortalecer a autoestima e a autoconfiança, valorizando a importância do equilíbrio emocional. Nesse percurso notou-se nos participantes uma diminuição das manifestações de ansiedade, irritabilidade e agressividade, como consequente amenização do estresse. Realizado entre os meses de março e novembro de 2018, através de trinta e quatro encontros, a *interface* entre o artesanato e arteterapia pode ser percebida nos encontros que circunscrevo a seguir.

O primeiro encontro, parte integrante do módulo "Redução do Estresse e da Ansiedade", tinha como objetivo possibilitar ao participante manter o foco no presente, naquilo que estava sendo realizando. De acordo com Santesso (2015), "Objetivo, remeter os participantes à consciência de que somos nós que criamos a nossa própria realidade". A atividade foi nomeada "Tecendo a vida: entrelaçando experiências – Tear de gravetos". Foi sugerido aos participantes que escolhessem, como suporte, um graveto que poderia ter espessura fina ou grossa. Depois, deveriam montar os fios na posição vertical, representando situações trazidas pela vida, para, então, tecer entre eles, buscando a solução dos problemas. O resultado, o desenho formado pelos fios, a trama que eventualmente surgisse, representaria formas de como se contornar situações e o que escolher em tais situações. Sobre a possibilidade de escolhas:

> Muitas pessoas nutrem sentimentos que causam sofrimento e muita dor por acreditarem que sua realidade é prejudicada por elementos externos e alheios, porém, mesmo que esses elementos existam, cabe somente a nós mesmos tomarmos a rédea de nossos destinos e tecer nossos caminhos sem parar um minuto, como se fosse uma teia de aranha. (SANTESSO, 2015, p.92)

O resultado foi inusitado: o montar despretensioso em um tear improvisado que permaneceu longe de regras específicas de tecelagem, e não trouxe a peça perfeita, mas sim a exteriorização de sentimentos.

O segundo encontro fazia parte do bloco "Resgate das Brincadeiras Infantis", seu início foi uma "viagem no tempo", na qual os participantes foram convidados a lembrar das regras do jogo Cinco Marias. Durante a atividade, foi estimulado o contato com o feltro, cuja maciez era "quase um carinho", conforme depoimento. Surgiram dificuldades em colocar o fio na agulha, em escolher a linha que combinasse com o que foi formado. Mas, em pouco tempo, tudo isso se transformou em detalhes que contribuíam para a execução. Aos poucos, os participantes passaram a relatar que cada ponto despertava uma lembrança:

> O trabalho delicado e minucioso do "ponto por ponto" ajuda-nos a redimensionar a compreensão do tempo que se deve destinar ao trabalho criativo, e a paciência para ver pequenos resultados decorrentes de um lento processo, feito de pequenos passos (PHILIPPINI, 2018, p.65)

A observação do resultado também surpreendeu. A preocupação com o acabamento deu lugar à simples possibilidade de jogar, ao prazer de ver os saquinhos jogados, e à alegria ao pegá-los.

Foram anos dedicados ao artesanato e um caminho que parecia belo, pois supostamente era enfeitado com as técnicas ensinadas. Muitos profissionais surgiram, muito tempo foi valorizado. Lidar, falar e ensinar era fácil, afinal o fazer de forma manual, o fazer com as mãos nasceu junto com o homem e a arte sempre esteve presente.

Posteriormente, a Arteterapia surge com seu olhar peculiar: o olhar para dentro. O ato criativo, interiorizado em sua plenitude, valoriza o que o ser humano tem de mais sagrado: o seu próprio ser.

Todos os participantes do processo aqui descrito relataram amadurecimento pessoal e a sensação de terem melhorado suas atitudes. É importante para o cuidador ter um tempo para olhar para si, enxergar-se no mundo, sentir que suas necessidades são autênticas, reais e merecem atenção. Ter um espaço para si é uma grande vitória. Também é importante poder enxergar o outro, enxergar o problema do outro e estar fortalecido para auxiliar, sem o viés da vitimização:

> Os objetivos sociais dessas terapias em grupo favorecem o reconhecimento da dimensão simbólica presente na relação com o outro, as qualidades humanas positivas e negativas e o aumento da tolerância e paciência para com a dificuldade dos outros indivíduos, desenvolvendo sentimentos de companheirismo, intimidade, satisfação, identificação, semelhança, compreensão, esclarecimento, apoio, proteção e ajuda (SANTESSO, 2015, p.25)

Sair vitorioso é poder sair das ideias preconcebidas, das regras impostas, do modo correto de fazer. É ganhar da estética, da beleza pela beleza, da perfeição exigida por um mundo imperfeito. É ganhar de si mesmo. E para que se siga em frente, enfrentando o que vier, só resta viver. Viver de forma criativa:

> A criatividade é a essencialidade do humano no homem. Ao exercer o seu potencial criador, trabalhando, criando em todos os âmbitos do seu fazer, o homem configura a sua vida e lhe dá um sentido. Criar é tão difícil ou tão fácil como viver. E é do mesmo modo necessário (OSTROWER, 1987, p.166).

Viver pode sim ser fácil ou difícil; que se siga, então, customizando emoções!

*

SILVIA QUARESMA – Arteterapeuta; Graduada em Letras; Pós-Graduada em Finanças; Pós-Graduada em Arteterapia e Criatividade; Professora especialista de artesanato; Idealizadora do Projeto Customizando Emoções – Interface entre Artesanato e Arteterapia; Idealizadora de Othila Arteterapia em Ação; Coordenadora de Grupos de Arteterapia em instituição para cuidadores e voluntários; Atendimentos individuais e em grupos em Arteterapia.

Referências Bibliográficas

OSTROWER, F. *Criatividade e Processos de Criação*. Rio de Janeiro: Vozes, 2014. (30ª edição)

PHILIPPINI, A. *Afinal, o que é Arteterapia? Imagens da Transformação*. Pomar, 1998.

________. *Linguagens e Materiais Expressivos em Arteterapia: uso, indicações e propriedades*. 2ª ed. Rio de Janeiro: Wak, 2018.

SANTESSO, W. A. N. *Técnicas de Oficinas Expressivas: a Arte como forma de ressignificação*. São Paulo: Edição do Autor, 2015.

Atendimento infantil:
Uma ponte entre a Arteterapia e a Pedagogia

Por Renata Fajoli - SP
Publicado em 10/07/17

Há um tempo decidi mudar meu foco de atuação e vi-me diante de um grande desafio: ressignificar a Pedagogia (minha área de graduação) e uni-la à Arteterapia, buscando um novo propósito de trabalho nesses dois campos tão fecundos de ricas experiências.

Animada, deparei-me com a perspectiva da transdisciplinaridade, ideia que foi clareando a partir de Rodrigues:

> (...) O chamado do nosso tempo para cuidar da vida é transdisciplinar e colaborativo, para além das individualidades, de cercas, muros, fronteiras ou divisas, por via do respeito, do amor e da soma dos conhecimentos e experiências e essencialmente acompanhando as pessoas na vida, e não os seus diagnósticos. (RODRIGUES, 2015, p.91)

Logo surgiu a necessidade de um novo olhar sobre infância e tudo o que envolve essa fase da vida: a beleza de perceber e conceber o indivíduo como um ser integral que no processo de aprendizagem e desenvolvimento está por inteiro, corpo, alma e mente.

E, para mim, foi justamente nesse ponto que essas duas áreas de conhecimento conversaram e se complementaram, permitindo-me encontrar a linha que norteou a reflexão acerca da minha atuação.

A Arteterapia considera a integralidade do ser e, através das diversas experiências com os materiais expressivos, o indivíduo vai tomando contato com partes suas, integrando em si aspectos muitas vezes presentes mas até então desconhecidos, conforme cita Urrutigaray (2011, p.20): "A experiência do trabalho com Arteterapia proporciona a possibilidade de reconstrução e de integração de uma personalidade (...)."

No caminho para a ponte com a Pedagogia, encontrei Céline Lorthiois, que traz contribuições significativas para essa área do conhecimento. Ela concebe a Pedagogia Profunda, que se apoia na teoria de Carl Gustav Jung, fundador da Psicologia Profunda ou Psicologia Analítica. Lorthiois define assim sua visão pedagógica:

> A Pedagogia Profunda/Pedagogia Junguiana abrange a criança na sua totalidade, considerando seu corpo, sua mente, sua capacidade criadora, seus sonhos, sua alma: no âmbito dessa Pedagogia, o currículo é a vida.[1]

A proposta da Pedagogia Profunda inclui:

> (...) técnicas artesanais, trabalhos manuais, técnicas de relaxamento, danças circulares, histórias, sonhos, e a natureza com seus quatro elementos, sobre o pano de fundo da teoria junguiana (...). (LORTHIOIS, 2016, p.225)

Identificada com essa proposta e junto às múltiplas possibilidades da Arteterapia, volto-me para o atendimento infantil.

---

[1] https://www.facebook.com/233956546793646/posts/1155395521316406/

O trabalho arteterapêutico considera os anseios e expectativas que a criança traz para a sessão, e os materiais tornam-se potências que ajudam a aflorar aquilo que ela já possui, a criatividade.

No *setting*, a criança é livre para escolher o material e a expressão artística que deseja trabalhar, conhecer e explorar. Essa escolha implica a entrega de um desejo íntimo, uma espécie de entusiasmo pelo novo e emoção por tomar parte no desconhecido.

Percebe-se, então, uma união quase íntima da criança + material + desejo, ingredientes para uma alquimia a olhos vistos. Não há receio de uma experimentação, a criança está aberta ao novo – àquilo que emergirá –, encontra-se totalmente envolvida no processo e com ele identifica-se, emociona-se, transforma-se.

Observa-se de maneira interessante e deslumbrante o desenrolar desse trabalho, a forma como a criança é capaz de, através da escolha do material, atender internamente suas próprias exigências e necessidades, gerando impactos de uma experiência e aprendizado integral, que envolve o cognitivo, mas também o corpo, a alma e a mente.

A criança passeia entre as possibilidades oferecidas, e ela mesma vai classificando a importância de cada atividade, significando o que quer fazer, sugerindo transformações, modificando e invertendo o sentido e até mesmo a funcionalidade de cada material ou objeto com que toma contato.

Como se olhasse mesmo para dentro de si, verificando o que lá acontece e escolhendo aquilo que para ela, naquele determinado momento, irá caber, preencher, fazer sentido, organizar, trazer uma reflexão interna e, assim, produzir uma fecunda elaboração.

É, portanto, nessa dança e nesse envolvimento, na observação do fazer e das produções, no processo e ao longo de um período, que é possível a elaboração/síntese simbólica e lúdica do profissional que a acompanha.

Nesse processo arteterapêutico-pedagógico, a criança simplesmente faz, sem a pretensão de significar objetivamente a sua produção, a não ser por ela mesma, porque muitas vezes o significado está contido no processo.

Interessante perceber que muitas vezes, ao finalizar um trabalho, ela deseja a impermanência do mesmo, ou seja, destruir, rabiscar, colar, jogar fora, desmanchar ou simplesmente abandonar e descartar sua produção; e quando isso acontece, o que fez sentido foi o processo, o momento, a construção, o fazer, ou seja, a experimentação.

Além disso, muitas vezes essas atividades não têm um desfecho, são um projeto inacabado, um desenho incompleto que basta por si só. Esse inacabado para nós pode ser uma obra completa para ela.

Faço então um elo ou uma ponte com a pedagogia, pois que o aprender, o fluir da aprendizagem é esse processo que não está acabado, que permite possibilidades e experimentações até que se encontre internamente onde essa nova experiência caiba, se assente e faça sentido. Por isso é importante tal olhar de compreensão sobre esse universo infantil do inacabado, de constante construção e desconstrução, pois reflete o mundo interno, reflete o universo da criança.

O ambiente de experimentação da Arteterapia também é o universo da Pedagogia, que leva em conta o ser integral e onde há espaço para o surgimento de novas potencialidades, novos saberes até então inexplorados, e descobertas de habilidades fantásticas desconhecidas ou não exploradas pela própria criança.

Desse modo, não é incomum que queixas escolares como dificuldade de aprendizagem, relacionamento e comportamento não se apresentem durante o período de atendimento arteterapêutico, contradizendo-as porque foi permitido à criança um universo de possibilidades, revelar a sua alma.

E, assim, sentindo-se acolhida e identificada num lugar seguro de realizações sem julgamentos, mas sim de possibilidades, podendo ser quem realmente é e acessando a sua essência genuína, ela consegue lidar com as dificuldades apresentadas no dia a dia, melhorando sua autoestima, autoconhecendo-se, alegrando-se com suas conquistas e fazeres.

> ... Ao ser possível integrar, pela atuação consciente, o resultado do criado com a temática emocional oculta na representação apresentada, o sujeito adquire a condição de transcender suas vivências imediatas, experimentando novos sentimentos e disponibilizando-se para novas oportunidades. (URRUTIGARAY, 2011, p.20)

Lorthiois vai dizer poeticamente que:

> Numa época em que a criança e a educação estão cada vez mais cercadas e amparadas pelos recursos da tecnologia (...) a criança afirma a sua infância em parceria com uma natureza que a alimenta e que sabe compensar o estilo de vida, geralmente esgotante, que lhe é imposto hoje. E mesmo em meio à

> cidade grande, conseguimos descobrir seus numerosos esconderijos. (LORTHIOIS, 2016, p.225)

E para isso o profissional que a acompanha precisa de um olhar atento, sensível e acolhedor.

> (...) ser capaz de apreciar um toque de criança ou a elaboração de um trabalho espontâneo com a matéria; significa também ser capaz de atentar para a história de que um aluno está representado por intermédio de suas atividades, quiçá de compreendê-la como se fosse um sonho. (*Ibidem*, 2016, p.226)

*

RENATA FAJOLI – Pedagoga; Arteterapeuta e formanda em Yoga e meditação. Facilitadora de oficinas, *workshops* e vivências para grupos. Atua há mais de 10 anos na educação formal e não formal, rede pública e terceiro setor, com crianças e adolescentes. Artista, mandaleira e entusiasta de práticas integrativas.

Referências bibliográficas

LORTHIOIS, Marie Céline G. R. F. *Exercícios de Pedagogia Profunda: Uma inclusão da alma na educação*. São Paulo: Paulus, 2016.

RODRIGUES, Valéria Elisabete. *Imagens e Histórias em Arte Terapia: Experiências nas interfaces da psicologia, da educação e da arte*. Dissertação de Mestrado de Pós-Graduação em Artes – Instituto de Artes da Universidade Estadual Paulista. São Paulo: Unesp, 2015.

URRUTIGARAY, Maria Cristina. *Arteterapia: A transformação pessoal pelas imagens*. Rio de Janeiro: Wak Editora, 2011 (5ª edição).

Arteterapia e Psicopedagogia: Desdobramentos das oficinas criativas na interdisciplinaridade

Regina Célia Rasmussen - SP
Publicado em 08/04/19

A Psicopedagogia atende crianças, adolescentes e adultos que demandam atenção em situação de aprendizagem. Não se trata de um trabalho que busca a transmissão de conhecimento, mas, sim, do auxílio ao indivíduo como um todo, partindo do princípio de que a aprendizagem é inerente à condição humana.

Para Alícia Fernández – referência fundamental na Psicopedagogia – o problema de aprendizagem encontra-se na anulação das capacidades e bloqueio das possibilidades, e, nesse contexto, a expressão artística surge como suporte não só para o atendimento, mas também para o fortalecimento do potencial criador do próprio psicopedagogo.

Como professora de oficinas de Arteterapia em pós-graduação de Psicopedagogia, tenho observado que os vínculos formados com meus alunos costumam extrapolar as minhas aulas. Em cada término de módulo, muitos demonstram a necessidade de dar continuidade às vivências proporcionadas pelo conteúdo oferecido – o que os os auxilia em seus futuros atendimentos e na própria saúde mental, agregando valor à sua prática.

Ao ensinar aos estudantes de psicopedagogia algumas técnicas de estimulação da expressão artística – com o objetivo de acessarem a criatividade em seus pacientes –, ficou evidente a oportunidade de esses alunos desenvolverem o seu próprio processo criativo a partir das sensibilizações vivenciadas.

Visualizações criativas, poemas, contos, músicas e filmes foram as formas apontadas de sensibilizar, mover e estimular o fazer artístico, e que favoreceram uma expansão do potencial psíquico na realização do objeto das oficinas, ou seja: a imagem simbólica na arte – por eles produzida – trouxe uma reflexão sobre a própria atuação e as singularidades dos seus autores.

Segundo Fayga Ostrower:

> (...) criar representa uma intensificação do viver, um vivenciar-se no fazer; (...) é uma realidade nova que adquire dimensões novas pelo fato de articularmos, em nós e perante nós mesmos, em níveis de consciência mais elevados e mais complexos. Somos, nós, a realidade nova. Daí o sentimento do essencial e necessário no criar, o sentimento de um crescimento interior, em que nos ampliamos em nossa abertura para a vida. (OSTROWER, 2010, p.28)

As oficinas criativas foram oferecidas como uma noção de técnicas importantes, como um suporte para o trabalho do psicopedagogo na sua missão de ser o facilitador da integração do emocional e do cognitivo na situação de aprendizagem, mas foram além, ao provocar, naqueles que aprendiam, a experiência e a expressão artística com a diversidade de materiais.

O que era apenas uma aprendizagem sobre a utilização das sensibilizações e as propriedades e possibilidades dos materiais expressivos para fins da terapêutica psicopedagógica, provocou a necessidade de um maior autoconhecimento para atuação como psicopedagogo. Esse desdobramento endossa a importância da arte como ferramenta para compreender melhor o mundo, as pessoas e a si mesmo, pois traduz e ressignifica as experiências de vida.

Esses ex-alunos mostram-se motivados a desenvolver-se psiquicamente e a procurar uma autonomia mais plena em sua nova prática. Sabem que são capacitados para a profissão que abraçaram, mas percebem que o novo caminho requer saúde mental, disponibilidade para o outro, concentração, acessibilidade à criação e a todo o processo que a envolve, para que haja a possibilidade de se (re)conhecerem e serem os protagonistas do seu fazer psicopedagógico.

Para atender a esse desdobramento do início do percurso dos profissionais de Psicopedagogia – nas suas inquietações e constatações que permeiam a realização efetiva do atendimento em clínicas psicopedagógicas –, faz-se necessário um espaço gerador de possibilidades de criatividade e expressividade.

Em tal contexto, a Arteterapia propicia a construção desse espaço para desvelar e transformar os novos "cuidadores da aprendizagem prazerosa" em profissionais mais harmônicos, onde o arteterapeuta funciona como o guia que organiza, estimula e conduz as atividades em consonância com o funcionamento do grupo.

Da interdisciplinaridade surge a configuração de um ciclo de encontros arteterapêuticos que visa proporcionar a esses novos profissionais e seus pares um encontro com a arte – em atividades de criação e reflexão – para essa nova jornada: *a ressignificação de sua própria aprendizagem, a melhora da autoestima, a ampliação do seu (auto)conhecimento, e, assim, a qualificação do "ser psicopedagogo" de maneira mais segura.*

*

REGINA CÉLIA RASMUSSEN – Pedagoga; Psicopedagoga e Arteterapeuta. Professora em pós-graduação de Psicopedagogia. Coordenadora do Espaço Crisântemo, onde atende e gerencia *workshops* e oficinas criativas.

Referências Bibliográficas

FERNÁNDEZ, Alicia. *A inteligência aprisionada: abordagem psicopedagógica clínica da criança e de sua família*. Porto Alegre: Artes Médicas, 1991 (2ª edição).

LACAVA, Lídia. *Eros e Psiquê: um caminho possível para pensar a docência*. São Paulo: Porto de Ideias, 2018.

OSTROWER, Fayga. *Criatividade e processos de criação*. Petrópolis: Vozes, 2010 (25ª edição).

PHILIPPINI, Angela. *Grupos em Arteterapia: redes criativas para colorir vidas*. Rio de Janeiro: Wak Editora, 2011.

Um novo olhar para dentro de si mesma: A experiência de um grupo de Arteterapia com mães de pacientes com transtornos mentais graves

Por Janaína de Almeida Sérvulo - MG
Publicado em 13/03/17

> O cuidado de crianças e adolescentes com transtornos mentais graves exige uma dedicação quase exclusiva de suas mães, seja na atenção diária ou no acompanhamento aos locais de tratamento. Muitas vezes, elas anulam suas próprias vidas para viver em função do filho doente. Portanto, oferecer a elas um espaço de cuidado no próprio local de atendimento de seus filhos é fundamental para evitar o seu próprio adoecimento. (SÉRVULO, 2015, p.6)

Trabalho há mais de 10 anos como psicóloga em um Centro de Atenção Psicossocial Infantojuvenil – CAPSI da região metropolitana de Belo Horizonte /MG. Em nosso estado, entretanto, até há bem pouco tempo, quase não se ouvia falar da aplicação da Arteterapia nos equipamentos do SUS (Sistema Único de Saúde). Considerei, então, como um duplo desafio iniciar a minha prática nesse local e com um público que muitas vezes fica esquecido: as mães. A proposta seria, portanto, promover um grupo de Arteterapia com elas.

Este grupo, em particular, foi realizado com 5 mães de pacientes do CAPSI. O convite foi aberto a outros pais que, no entanto, não se interessaram ou não deram continuidade. Foram realizados encontros semanais de duas horas de duração cada, totalizando 34 encontros.

No grupo, através da expressão artística, as mães poderiam – além de falar sobre suas dificuldades – materializar seus conflitos expressando suas emoções e elaborando melhor a doença do filho. Mais do que isso, a ideia era oferecer um espaço para que elas pudessem, talvez pela primeira vez, deixar de representar unicamente seus papéis de mães para se enxergarem em sua totalidade. Ali, naquele espaço protegido, não só os filhos poderiam receber cuidados, mas elas também.

Como bem descreveu Rufatto:

> Ao perceber e trazer para o espaço grupal as diferentes manifestações das crianças, o grupo acaba por se deparar com seus próprios limites. Antes de saberem como lidar com os filhos, esses pais passam a observar manifestações em si, que anteriormente reconheciam apenas nos outros. (Rufatto, 2006, p.21)

Frequentemente, as dificuldades vivenciadas pelas mães eram expostas através de queixas. Com a prática da Arteterapia, elas poderiam expressar livremente seus sentimentos, sem o receio das críticas, tão comuns nas relações cotidianas. Dessa forma, seria possível uma comunicação mais aberta e compreensiva entre elas. (Cardoso & Munhoz, 2013, p.45)

Com o grupo, esperava-se contribuir para a melhora na qualidade de vida dessas mães, facilitando o seu processo de autoconhecimento e promovendo a melhora na autoestima e no autocuidado. Através dos materiais plásticos e das várias técnicas de Arteterapia, as mulheres por trás das mães começaram a surgir. E começaram, então, a perceber o que impedia seu desenvolvimento pessoal e a se enxergar enquanto pessoas com desejos e necessidades, além das obrigações de mãe e de cuidadora de uma criança doente.

Lembro-me até hoje da emoção de uma das mães ao se dar conta de que abrira mão do sonho de ser bailarina para cuidar do filho. Com lágrimas nos olhos, ela mostrou sua pintura de uma sala de balé: uma imagem que ficara guardada e uma emoção que estivera calada por muito tempo...

Acompanhá-las nesses momentos de descoberta foi uma experiência muito intensa e gratificante. Certa vez uma mãe surpreendeu-se ao desenhar, a partir de uma imagem abstrata que pintou, um rosto escondido por trás das folhagens. "*Esse rosto ficou muito estranho, né? Acho que tem a ver com algo que ainda está escondido em mim e que preciso descobrir.*" E, com o tempo, o estranhamento de entrar em contato com a sua sombra cedeu lugar a um genuíno desejo de se descobrir, de ir ao encontro da sua essência.

Ao final do grupo, ficaram registradas para sempre na minha consciência e no meu coração as belas imagens produzidas a partir do sofrimento, dos medos, das alegrias e, principalmente, da força daquelas mulheres. E ficou também o desejo de levar essa proposta para tantos quantos forem os lugares onde existam mães, onde existam mulheres, onde existam pessoas que, por vezes, perdem-se ou escondem-se em seus papéis, deixando de experimentar *esse novo e verdadeiro olhar sobre si mesmas.*

Este texto foi baseado em fragmentos do meu Trabalho de Conclusão de Curso apresentado em novembro de 2015 como exigência parcial para obtenção de título de Especialista em Arteterapia pela Favi – Faculdade Vicentina em convênio com o Integrarte – Centro de Atividades, sob orientação do prof. dr. Celso Luiz Falaschi.

*

JANAÍNA DE ALMEIDA SÉRVULO – Graduada em Psicologia pela UFMG; com especialização em Arteterapia pela Favi em convênio com o Integrarte. Atua como Psicóloga e Arteterapeuta na rede pública da região metropolitana de BH. Experiência de mais de 15 anos em atendimento individual e em grupo a crianças, adolescentes e adultos.

Referências Bibliográficas

CARDOSO, Ângela Maria; MUNHOZ, Maria Luiza P. "Grupo de espera na clínica-escola: intervenção em arteterapia". Revista da Spagesp – *Sociedade de Psicoterapias Analíticas Grupais do Estado de São Paulo*, nº 14, pp.43-54, 2013.

RUFATTO, Amaury Tadeu. "Reflexões sobre o trabalho de orientação em grupo para pais em uma instituição que atende crianças com graves comprometimentos emocionais". Revista da Spagesp – *Sociedade de Psicoterapias Analíticas Grupais do Estado de São Paulo*, vol. 7, nº 2, pp.18-22, Ribeirão Preto, 2006.

SÉRVULO, Janaína de Almeida. "Um novo olhar para dentro de si mesma: uma experiência com mães de pacientes atendidos no CAPSI". 2015. Trabalho de conclusão de curso – Especialização Favi (Faculdade Vicentina) em convênio com o Integrarte – Centro de Especialidades. Belo Horizonte, 2015.

URRUTIGARAY, Maria Cristina. *Arteterapia: a transformação pessoal pelas imagens*. Rio de Janeiro: WAK Editora, 2008.

Como reconstruir em meio ao caos? Relatos sobre uma oficina arteterapêutica

Por Mercedes Duarte - RJ
Publicado em 10/02/20

Em uma oficina arteterapêutica, intitulada "Ordenando o caos", participaram seis pessoas, entre as quais cinco pertenciam à faixa etária de cinquenta a setenta anos, contando apenas com um jovem. Nessa oficina, trabalhei inspirada em textos da Eliana Moraes, sobre o Dadaísmo, e também em uma de suas aulas, ministrada no curso de arteterapia do Espaço Terapêutico Psi, sobre o mesmo assunto.

O Dadaísmo (1916) define-se como um movimento artístico de vanguarda, de cunho político. Surgido durante a primeira guerra mundial, o movimento foi criado por um grupo de artistas e intelectuais, fundadores do Cabaret Voltaire (Zurique), em uma época em que a noção de racionalidade humana havia se esgarçado. Desde o Iluminismo, o Ocidente acreditara que a razão levaria as sociedades e indivíduos a um elevado grau de desenvolvimento, em que a felicidade humana seria plena (Giannetti, 2002). Especialmente com a culminação das guerras, entretanto, tais expectativas viram-se frustradas. Desse modo, os valores vigentes passaram a ser questionados e muitas vezes combatidos, incluindo as noções estéticas e artísticas correntes.

O Dadaísmo surgiu como um sopro de destruição aos padrões do que era considerado arte. Pressupunha a expressão do caos, da desordem, da destruição, do absurdo e da irracionalidade. Contra o capitalismo, os valores burgueses, o consumismo – que representavam uma ordem social fracassada, erguida sob a égide da racionalidade –, seus poemas, *performances*, trabalhos plásticos, entre outras linguagens, exploravam o "automatismo", o acaso, a espontaneidade e a irreverência (Martins, 1999; Moraes, 2018).

Em tempos nos quais a organização social parece desacreditada, expressar a destruição e o caos através da arte, e, nesse caso, mediante a Arteterapia, abre espaço para explorarmos novos sentidos e reordenamentos possíveis. É frequente sentirmo-nos impotentes frente a opressões externas e desarranjos sociais. A Arteterapia, portanto, pode ser uma ferramenta que nos encoraja a encontrar um lugar no mundo e a responsabilidade que nos cabe nele, mesmo que em nível de nossos afetos e trânsitos cotidianos. Responsabilizar-se por aquilo que nos é possível, é encontrar potenciais de transformação em si mesmo e diminuir o sentimento de impotência – que leva ao imobilismo e ao aumento desenfreado de diagnósticos de depressão.

Na oficina em questão, trabalhamos a destruição como acaso; o ato de destruir o que incomoda e de reconstruir/reconfigurar sentidos a partir dos "devires" da vida, pois, de acordo com Sartre, em virtude da biografia de Sain Genet, "o importante não é o que as pessoas fazem de nós, mas o que nós mesmos fazemos do que elas fizeram de nós[2]".

[2] SARTRE, Jean-Paul. *Saint Genet: actor and martyr*. University of Minnesota: Press edition, 2012, p49 (tradução livre).

Sem dúvida tivemos distintas respostas evidenciadas nos trabalhos plásticos e nas falas que os sucedem. Segundo minha leitura, o que marcou a oficina, entretanto, foi certa dificuldade de alguns participantes em reconfigurar/reordenar de forma ativa suas trajetórias após a "destruição".

Levo aqui em consideração, especialmente, o fato de se tratar de pessoas que estão próximas ou já fazem parte da chamada terceira idade. Existe, como sabemos, uma série de questões que envolvem esse período da vida. Em especial, no que toca à proposta da oficina, a sensação de exclusão social e de não pertencimento. No entanto, como aponta a Organização Mundial de Saúde (2017), a expectativa de vida aumenta ao longo das décadas, o que nos traz cada vez mais a necessidade de pensar modos de possibilitarmos a reintegração e o sentimento de pertencimento dessa faixa etária. Mais uma vez o trabalho arteterapêutico – que, entre outras coisas, lança mão da arte como "conscientizadora" e potencializadora de nossa ação no mundo – pode ser considerado uma ferramenta bastante útil.

O fato de alguns participantes terem tido dificuldades na ressignificação e/ou reorganização de seu "caos" não anula o poder do processo terapêutico. De acordo com Angela Philippini (1998) o uso da palavra, por exemplo, quando expressa a tomada de consciência dos processos terapêuticos, algumas vezes só acontece anos depois, quando a energia psíquica tiver logrado, pouco a pouco, percorrer a "distância" que separa os processos psíquicos primários – que não passam pelo crivo da consciência – dos processos psíquicos secundários de elaboração simbólica.

> De todo modo (...) já terá o indivíduo vivenciado, dentro de si, aquilo que efetivamente a Arteterapia tem de mais benéfico e produtivo terapeuticamente, que é: expressar, configurar, e materializar conflitos e afetos, realizando um conjunto de atos que podemos designar genericamente como: "o fazer terapêutico". (PHILLIPINI, 1998, p.7)

É esse "fazer terapêutico" mencionado por Philippini que pode nos munir de força criadora para transformar a realidade que nos cabe. Já o trabalho arteterapêutico em grupo tem a particularidade de mobilizar redes, afetos e espelhamentos. Um dos relatos mais comoventes da oficina, que envolvia a maior parte dos participantes – que eram atores –, foi sobre o quanto o fechamento de um teatro onde atuavam estava afetando o participante. Esse relato/revelação comoveu a todos que estavam implicados na situação, promovendo acolhimento, solidariedade e desejo de enfrentamento da situação. De acordo com Ligia Diniz(2003), no processo de maturidade:

> (...) várias etapas precisam ser percorridas, e elas vão desde a preocupação meramente egoica até um outro patamar que implica a abertura para o social e transcendente. Tendo reconhecido seu valor pessoal e tendo se apropriado de sua própria luz, o homem pode, então colocá-lo a serviço de um benefício coletivo. (...) Confrontando-se com aspectos esquecidos do eu, relacionando-se com as perdas inevitáveis ao longo da jornada, mergulhando no inconsciente, encarando a própria sombra, o ser humano é capaz de corrigir rotas e transcender. (DINIZ, 2003, p.113)

Está claro que não existem fórmulas fáceis para lidarmos com as opressões externas e com aquilo que essas nos causam. Mas elaborar maneiras de construir caminhos alternativos, mesmo que pouco expressivos aos olhos alheios, é um alento, e é possível quando estamos atentos ao nosso lugar no mundo, e encontramos e produzimos meios de expressão, integração e solidariedade. Que consigamos, então, produzir mais arte terapêutica e construir mais teatros, nas ruas, nas casas, nas vilas e nas favelas.

*

MERCEDES DUARTE – Graduada em Ciências Sociais pela UERJ; Mestre em Ciências Sociais pela UFRRJ; Arteterapeuta em formação pelo Espaço Terapêutico Psi. Pesquisa relações de gênero, arte e oráculos.

Referências Bibliográficas

DINIZ, Ligia. "Espiritualidade e Arteterapia". *In Arteterapia: Coleção Imagens da Transformação.* vol. 10, nº 10. Rio de Janeiro: Pomar, 2003.

GIANNETTI, Eduardo. *Felicidade.* São Paulo: Companhia das Letras, 2002.

MARTINS, Ana Maria Pina. "Movimento Dada: O banal e o indizível". *In Análise Psicológica (on-line)*, vol. 17, nº 4, pp.723-726. Lisboa, 1999.

MORAES, Eliana. *Pensando a Arteterapia.* Divino de São Lourenço: Semente Editorial, 2018.

OPAS/OMS Brasil. "Expectativa de vida aumenta para 75 anos nas Américas". 2017. Disponível em: https://www.paho.org/bra/index.php?option=com_content&view=article&id=5504:expectativa-de-vida-aumenta-para-75-anos-nas-americas&Itemid=875

PHILIPPINI, Angela. "Imagens da Transformação". Coleção de Revistas de Arteterapia. Vol.5. Rio de Janeiro: Pomar, 1998.

SARTRE, Jean-Paul. *Saint Genet: actor and martyr*. University of Minnesota: Press edition, 2012.

Inventando histórias:
Uma breve reflexão sobre o estágio em Arteterapia com idosos

Por Cristiane de Oliveira – RJ
Publicado em 21/08/17

> A vivência do grupo arteterapêutico como espaço de interlocução dá ao idoso um novo espaço de compartilhamento de sua subjetividade, onde pode amenizar a vivência de exclusão e reposicionar-se de forma mais ativa e fortalecida para confrontar os desafios do envelhecimento. (PHILIPPINI, 2015, p.18)

O CONVITE

Quando o Não Palavra iniciou a proposta "Não Palavra abre as portas", dando espaço para que os leitores que se identificassem com o *blog* expusessem suas ideias, senti-me motivada a escrever sobre um pouco da minha experiência no estágio realizado na Formação em Arteterapia pela Pomar – RJ, no período de 2016 a 2017. Meu interesse em escrever tem por intuito ajudar a minha compreensão na atuação em Arteterapia com longevos. Foi o perfil escolhido por perceber, principalmente, ser esse um público que vem aumentando (afinal, destino de todos nós), que sofre o preconceito, a invisibilidade simbólica, a marginalização – e, além do mais, precisa ser compreendido e estudado.

Meu trabalho arteterapêutico realizado com grupo de idosos instalados em instituição de longa permanência utilizou, como instrumentos, diferentes materiais de arte e técnicas expressivas variadas; no entanto, trago como destaque a experiência de criação de histórias. Para isso foi importante formar, junto com esse grupo, um espaço de criação e permissão para errar. Um lugar onde percebessem que é possível criar em liberdade, livre de condicionamentos ou preconceitos. Dessa forma, toda produção plástica foi encaminhada com intuito de trazer a esses indivíduos a capacidade de se perceberem criativos, com valor pessoal, e gerar autoestima.

De ouvir a criar histórias: breve relato da experiência

Um dos primeiros passos foi fazer entender que a Arteterapia não tem por intuito ensinar Arte e, sim, traduzir sentimentos, pensamentos e emoções através dos trabalhos produzidos. A partir do desenho, pintura, modelagem ou outras formas de expressão foi-se tentando fazer o desbloqueio do potencial criativo, a ponto de os participantes sentirem-se capazes de criar, mudando o sentimento de desvalia e percebendo-se integrados num grupo.

Esse espaço criativo também deveria ser lúdico, já que a ideia do isolamento e da autodesvalorização sempre tendia a trazer um tom mais triste para a casa. Dessa forma, a música, sempre presente, era um dos pontos-chave para abrir espaço à ludicidade. O primeiro passo foi ouvir histórias com a intenção de ativar o imaginário, estimular a criatividade, ativar a comunicação oral. Para potencializar esse processo arteterapêutico da contação, portanto, foram utilizadas diferentes linguagens expressivas.

> O idoso tem muitas histórias para contar, e, em muitas situações, há pouca gente ou ninguém interessado em ouvir com atenção. O espaço arteterapêutico como território de interlocução e livre expressão pode auxiliar a suprir essa lacuna. (PHILIPPINI, 2015, p.38)

O segundo passo foi o de criação de histórias. Esse momento, porém, não poderia ser bloqueador, já que a maioria dos idosos apresentava limitações e mostrava dificuldade em escrever. O registro das histórias criadas pelo grupo, por causa disso, era realizado por mim. Naquele momento criador, o que contava eram a improvisação e a criatividade. As histórias criadas eram sem tema fixo, disparadas algumas vezes por imagens ou objetos, onde cada pessoa ia completando a criação da outra. Outras vezes (depois de já terem vivido a experiência de criar histórias), a própria pessoa criava da sua cabeça. Nessas histórias percebia-se muito da situação de isolamento e desvalia que estavam vivendo. Esses momentos, contudo, foram fortalecedores para os longevos. Perceberam-se capazes e criativos a ponto de uma participante sentir vontade de escrever um texto chamado "Contestação" onde dizia ser incrível ver que pessoas idosas seriam capazes de criar histórias que poderiam estar num livro. E, a partir dessa ideia, no fim do estágio, as participantes puderam ver suas histórias escritas no livro ilustrado com seus desenhos e trazendo seus nomes como autoras. Esse momento vitalizador foi apenas um dos muitos que se tentou criar estimulando a curiosidade, a imaginação e a alegria de viver, apesar de tudo.

> Como arteterapeutas, podemos utilizar os têmenos do *setting* arteterapêutico como espaço de semeadura dessas mudanças, assegurando ao longevo um lugar seguro, protegido e confiável, para reinventar-se a cada dia. (*Ibidem*, 2015, p.47)

*

CRISTIANE DE OLIVEIRA – Formada em Pedagogia (UFF); Psicopedagogia (Unesa); Arteterapia (Pomar); pós-graduação em Arteterapia (Pomar) e pós-graduanda em Musicoterapia. Atuação em Arteterapia com adultos e idosos (individual e grupo), atendimento *on-line*, em domicílio e instituições.

Referências Bibliográficas

PHILIPPINI, Ângela. *Caminho da Arte: Construindo um Envelhecimento Ativo*. Rio de Janeiro: Wak Editora, 2015.

________________. *Linguagens e Materiais Expressivos em Arteterapia: Uso, Indicações e Propriedades*. Rio de Janeiro: Wak Editora, 2009.

Arteterapia com idosos em atendimento domiciliar

Por Sonia Santos - RJ
Publicado em 15/07/19

Eis a tarefa da arte: conferir um sentido à vida, dignificá-la, para nos seduzir a continuar vivendo.

Friedrich Nietzsche

É com imenso prazer que recebo convite do *blog* Não Palavra para compartilhar um pouco da minha experiência de Arteterapia com idosos, em atendimento domiciliar.

O primeiro passo para um bom atendimento é a entrevista com o familiar, acompanhante e também com o idoso, onde conheceremos um pouco da sua história, como se sente naquele momento, e observamos o ambiente onde vive.

Muitas vezes aos idosos já faltam palavras para se expressarem, mas podem fazê-lo através de formas, cores, materiais diversos e gestos. E que tal acrescentar música aos encontros? Ah! Quantos resgates através da música... Uma sugestão é selecionar um repertório de gravações antigas de artistas como Lupicínio Rodrigues, Nélson Gonçalves, Ângela Maria, Cartola etc., não esquecendo das marchinhas de carnaval, valsas e chorinhos. Há idosos que gostam muito de Roberto Carlos, músicas sertanejas, Martinho da Vila e até de cantores atuais, mas a preferência (com relação aos idosos que atendo) é sempre por músicas antigas. A música é grande facilitadora no processo criativo.

A poesia é também bem aceita. Quem não se encanta com "Meus oito anos" de Casimiro de Abreu? Mário Quintana, Cora Coralina, Castro Alves, Rubem Alves...

De uma poesia podemos partir para um trabalho plástico e até uma "escrita criativa", e, caso esse idoso tenha dificuldade em escrever, usamos a "escuta criativa". Há também a possibilidade de gravar a sua fala, mas muitos não se sentem à vontade com essa proposta. Precisamos estar atentos ao que dá ou não prazer ao idoso.

Apesar de utilizarmos diversas técnicas como pintura, desenho, construção, modelagem, canto, dança sênior ou dobradura, a colagem é normalmente muito bem aceita por essa faixa etária, por ser de pouca complexidade. Muito importante por ser a organizadora do pensamento.

Costumo usar a colagem também como base para uma atividade que envolva desenho e/ou pintura. Como exemplo, a colagem de um belo vidro de perfume – escolhido pelo paciente – pode se transformar em um belo vaso de flores, com a ajuda de lápis de cor, lápis cera, pastel oleoso ou até guache.

Importante termos sempre uma pasta com diversas gravuras de figuras masculinas, femininas, família, crianças, animais, lugares, religiosidade, dentre outras.

Ao trabalhar com idosos podemos trazer exercícios de memória, mas devemos ter o cuidado de não infantilizá-los, como também não sugerir atividades que eles não consigam finalizar devido ao grau de dificuldade, e, assim, frustrá-los.

O idoso deve ser sempre estimulado – e temos observado que às vezes ao chegarmos para o atendimento o encontramos triste, apático, desanimado –, e, no final do encontro, dizem: "Já vai? Quando volta?"

Pode acontecer também o contrário, o encontramos sem desejar participar de nenhuma atividade – pode ter dormido mal, ter mudado ou acrescentado algum medicamento etc. –, mas nossa presença pode ser revitalizante, pois o afeto é, normalmente, o que aquele idoso mais precisa. Então é muito importante sentar ao seu lado, acolhê-lo com carinho, respeitar o seu momento, colocar uma música... pois a música pode levar-nos a um lugar mágico, belo e transformador.

Nos atendimentos uso letras de música, desafios com imagens, jogos, atividades diversas, para que sejam estimulados cognitivamente. Alguns jogos podem ser adaptados e até criados.

Dominós com figuras geométricas em EVA, frutas, flores, botões coloridos e jogos da memória através do tato (principalmente para idosos com deficiência visual) utilizando materiais diversos como rolhas, lacres de refrigerantes, algodão, lixa, bombril, prendedor de roupa, e demais jogos que a imaginação construir. Existe muito material de baixo custo, como os criados pelo professor Anderson Amaral, e que são grandes aliados para os nossos atendimentos.

Atender idosos através da arte e com atividades que estimulem a memória é muito importante.

*

SONIA SANTOS – Assistente social; Arteterapeuta; Autora do projeto Rodarte de Arteterapia com Idosos, coautora do curso Como Trabalhar Arte com Idosos.

Salvador Dalí e "as minhas gavetas internas"

Por Claudia Maria Orfei Abe – SP
Publicado em 11/11/19

É com muito entusiasmo que escrevo aqui o meu segundo texto no *blog* Não Palavra, cuja equipe me acolheu tão bem na primeira experiência, com "O olhar que não se perdeu: diálogos arteterapêuticos entre pai e filha".

Em fevereiro de 2018 iniciei sessões arteterapêuticas com meu pai e minha tia materna, num *setting* terapêutico na casa dele, com sessões estruturadas, temas diversos e experimentações de materiais, com o objetivo de trabalhar a estimulação cognitiva. Denominei aqui carinhosamente "pai" e "tia" para descrever suas características e participações:

> Pai – 85 anos, viúvo há dois anos e meio, cinco filhos, ascendência japonesa, dentista aposentado, caminhando para estágio moderado da doença de Alzheimer. Faz uso de rivastigmina e sertralina. Tem artrose nos joelhos, utiliza andador, possui certa autonomia e tem cuidadores formais 24 horas. Perdeu a visão do olho direito no início deste ano por causa de glaucoma.
>
> Tia – 93 anos, solteira, sem filhos, ascendência italiana, professora de português aposentada. Estado de saúde bom.

Em 4 de outubro de 2019 fizemos a sessão de número 57, denominada "Minhas Gavetas Internas". Foi a mais longa das sessões – com duração de uma hora e quarenta e cinco minutos –, se comparada com as sessões iniciais, que costumavam ter a duração média de meia hora.

Iniciei perguntando se eles conheciam o pintor espanhol Salvador Dalí. Mostrei a pintura "A Persistência da Memória", e, em seguida, trabalhamos com uma fotocópia em preto e branco da obra "Girafa em Chamas".

Ao perguntar "O que você vê nesta obra?", pai e tia descreveram as imagens literalmente, com detalhes. Em seguida perguntei: "O que você sente ao ver a obra?":

> Tia: "Sinto que se fossem pessoas reais elas estariam sofrendo uma terrível dor."
>
> Pai: "Eu acho que é uma deformação humana. O artista estava totalmente alterado com a mente, a visão alterada. Eu sinto que esses dois seres humanos inexistem ao vivo, muito menos a girafa pegando fogo. Um desenho mal inspirado. Um desenho ilógico."

Em seguida perguntei: "O que vocês querem falar sobre as gavetas (na obra)?":

> Tia: "Devem estar repletas de alguns materiais: joias, dinheiro, lenços."
>
> Pai: "Eu acho que as gavetas contêm a atividade humana."

Pai e tia passaram a construir suas "gavetas internas" utilizando as caixas de fósforos, os retalhos de tecidos e escolhendo peças como puxadores; definiram a montagem e posição das gavetas, abertas ou fechadas. Pai colou o tecido de modo que uma gavetinha não abria... "As suas explicações vieram um pouco tardias..."

Durante a atividade, pai fala: "Meus trabalhos manuais eram admirados, viu tia, porque eu tinha habilidade (referindo-se ao período escolar quando criança). Os outros alunos nem sabiam pegar na tesoura... eu causava até inveja dos meus colegas de classe. Vou fazer a terceira (gaveta) e depois vou para o recreio."

"O que você tem ou gostaria de ter nelas? Objetos ou sentimentos?", perguntei.

> Tia: "Achei que ficou muito bonito." Nome da obra: "Gavetas abertas"; conteúdos: anéis, pulseiras, colares; palavra final: "utilidade".
>
> Pai: "Gavetas – guardam recordações agradáveis e bem-sucedidas." Nome da obra: "Gavetinhas empilhadas"; conteúdos: ideias, realização da ideia, carinho; palavra final: "pura arte".

Essa sessão chamou muito a minha atenção não só pela duração mas, principalmente, porque pude perceber que os dois estavam trabalhando com bastante concentração e calma, e pareciam estar apreciando a atividade.

Pela primeira vez, minha tia mostrou-se muito satisfeita e contente com o resultado, e adora olhar a foto de suas gavetinhas no meu celular, de vez em quando.

*

CLAUDIA MARIA ORFEI ABE – Farmacêutica-Bioquímica graduada pela Unesp Araraquara-SP com especializações em Farmácia Homeopática pela USP-SP; Organização de Serviços em Dependência Química pela Unifesp-SP; Gestão da Assistência Farmacêutica pela UFSC-Universidade Federal de Santa Catarina-SC; Arteterapia e Criatividade pela Faculdade Vicentina-PR. Como arteterapeuta, atuou em instituição com o projeto Cuidando do Cuidador, para familiares e acompanhantes dos atendidos, e também em instituição de longa permanência para idosos (predominando a doença de Alzheimer) com o projeto Mandalas. Atende em domicílio e *on-line*.

ABORDAGENS TEÓRICAS E A ARTETERAPIA

Vygotsky e a Arte

Por Isabel Cristina Carvalho Pires - RJ
Publicado em 02/03/20

Recentemente apresentei minha monografia de final de curso, ou TCC, de Psicologia sobre o tema arte e Vygotsky. O trabalho intitulou-se "Arte como transformação: articulações entre o pensamento de Vygotsky, a Psicologia e a Arteterapia". Nele, entre outras coisas, falo do trabalho de Vygotsky sobre arte e psiquismo humano, e sobre a Arteterapia segundo a abordagem vygotskyana, que é a da Psicologia Social Sócio-Histórica ou abordagem interacionista, uma novidade no campo arteterapêutico. Daí a importância de divulgá-la e a motivação deste texto.

Um dos estudiosos mais importantes no campo da psicologia, mas ainda pouco divulgado, é Lev Vygotsky. Sua extensa obra é marcada por um caráter interdisciplinar e de grande relevância até os nossos dias. Seu trabalho sobre arte e o psiquismo humano, desenvolvido juntamente com o renomado neuropsicólogo Luria e o sociólogo Leontiev, é pioneiro e inovador. Apesar disso, Vygotsky foi ignorado no Ocidente durante muitos anos, pois sua obra foi proibida até 1956 na antiga União Soviética do ditador Stalin. Suas ideias só passaram a ser divulgadas no mundo ocidental a partir de 1962, quando da publicação americana do livro *Pensamento e Linguagem*, e, no Brasil, somente em 1984, data em que foi publicado aqui seu livro *A formação social da mente*. Em nosso país, Vygotsky passou a ser estudado na área de pedagogia, devido à sua importante teoria sobre o desenvolvimento infantil. Estudioso de vários campos de conhecimento, como a filosofia, a história, a arte e, claro, a psicologia, esse psicólogo russo centralizou seu trabalho no estudo dos processos psicológicos do ser humano em seu contexto histórico e cultural, fato que revolucionou a psicologia de sua época e originou a psicologia sócio-histórica (Rego, 1995).

Breve biografia

Lev Semionovich Vygotsky nasceu em Orsha, um pequeno povoado da Bielorússia, em 17 de novembro de 1896, de família judaica. Vygotsky cresceu em Gomel, também na Bielorrússia, com seus pais e seus sete irmãos. Até os 15 anos de idade, teve tutores particulares que o ensinavam em casa. Gostava de literatura e de artes, e estudou várias línguas – alemão, latim, hebraico, francês e inglês –, o que lhe deu acesso a textos vindos do restante do mundo. Entre 1914 e 1917 estudou Direito e Literatura, na Universidade de Moscou. Nesse mesmo período, Vygotsky também se dedicou aos estudos de história e filosofia, o que marca sua trajetória voltada para a interdisciplinaridade, já que tinha interesse em diversas áreas, desde linguística e estética, passando por medicina, até se dedicar, sobretudo, à pesquisa em psicologia. Iniciou sua carreira aos 21 anos, pouco depois da Revolução Russa, em 1917. Casou-se aos 28 anos com Rosa Smekhova, com quem teve duas filhas. A partir de 1924 passou a se dedicar sistematicamente à psicologia. Faleceu em Moscou em 11 de junho de 1934, aos 38 anos de idade, devido a uma tuberculose que o atormentava há quatorze anos (REGO, 1995).

Dentro da perspectiva de Vygotsky, as funções psíquicas são formadas pela cultura, que é, portanto, parte constitutiva da natureza humana e provém da internalização das formas historicamente organizadas de lidar com informações. Em outras palavras, as funções mentais conquistadas pelos homens ao longo da História são processadas no cérebro, mas se materializam nos elementos da cultura, como a linguagem, a ciência, a filosofia e a arte. Assim, na teoria vygotskyana, segundo Barroco e Superti (2014), é no plano cultural e não no biológico que o homem humaniza-se e aprende a viver no mundo.

Dentro da ideia de cultura como construção sócio-histórica, Vygotsky aborda a arte como importante instrumento cultural de mediação entre o sujeito e o mundo, e também como legado de culturas ancestrais. De acordo com Reis e Zanella (2014), as questões ligadas ao campo da arte foram as primeiras com que Vygotsky iniciou sua pesquisa acadêmica na área da psicologia. Como explicam Barroco e Superti (2014), na perspectiva de Vygotsky, a arte relaciona-se permanentemente com a realidade objetiva, pois liga-se às relações sociais de sua época. Mas não se reduz à cópia fiel dessa realidade, já que pela ação criativa transforma-se em algo novo, transmutado. Logo, a arte é fruto da ação criativa que atua e modifica a realidade concreta de onde partiu. Dentro dessa perspectiva, atua como meio de transformação individual e social.

Barroco e Superti (2014, p27) explicam que para Marx, que embasou o trabalho inicial de Vygotsky, "a arte contribui para o refinamento dos sentidos, tornando o homem ainda mais livre dos instintos e das necessidades imediatas (...)", já que ela torna possível o desenvolvimento dos sentimentos e afirma forças humanas elevadas, tais como: abstração, criatividade, percepção, emoção e imaginação. Dessa forma, a arte leva a uma reorganização psíquica mais elaborada. Além disso, novas funções também se formam e se desenvolvem no processo de produção artística.

Em seu livro *Psicologia da Arte*, Vygotsky faz uma análise da influência da obra de arte no psiquismo humano. Segundo Schühli (2011), a psicologia da arte de Vygotsky busca evidenciar a ação da arte sobre os sentimentos, uma vez que ela faz parte do campo do sentimento social. Nessa abordagem, a estrutura da obra de arte compõe-se de uma síntese entre forma e conteúdo. Mas, de acordo com Barroco e Superti (2014), essa composição resulta em uma unidade contraditória entre a forma e o conteúdo, condição *sine qua non* da obra de arte. Em tal contradição, expressam-se emoções antagônicas, e é na própria obra, pela catarse, que se opera a superação da contradição. Segundo as autoras, "a catarse, nesse sentido, diz respeito à transformação das emoções suscitadas em um novo sentimento" (Barroco e Superti, 2014, p.29). No entanto, para as autoras citadas não são apenas as emoções que são transformadas, e, sim, todo o funcionamento psicológico, se tomarmos o psiquismo como unidade. Assim, a arte eleva as emoções ao nível consciente, social e universal.

Schühli (2011) explica que as emoções provocadas pela obra no espectador e transformadas pela catarse são aquelas já "desgastadas", que, uma vez reavivadas pela vivência artística, modificam-se qualitativamente pelo processo catártico. Desse modo, a obra de arte reaviva emoções e paixões que, sem ela, teriam permanecido desconhecidas e inativas. De acordo com esse autor, a catarse resultante da vivência da obra de arte age na resolução das paixões do espírito, tal como na tragédia. Isso porque a obra de arte ocasiona uma reação estética resultante do conflito de emoções causado pela forma e pelo conteúdo. Como consequência há uma descarga de sentimentos que transforma as emoções desprazerosas em prazerosas.

No entender de Reis e Zanella (2014), através da arte o homem imprime a sua visão de mundo e pode, pelo olhar estético, sempre presente na arte, enxergar a vida de forma nova, modificada. Essa característica potencial de transformação da arte pode levar "à recriação da vida, à reinvenção de si a partir de novos modos de relação consigo, com o outro e com o mundo (Reis e Zanella, 2014, p.102)". Assim, as autoras entendem que na teoria de Vygotsky podem-se relacionar vida e arte, a vida transformada em arte, que volta à vida de maneira nova. Através da atividade criadora, o indivíduo pode recriar a realidade e, ao mesmo tempo, a si mesmo, e pode, também, enxergar novas possibilidades para sua vida e para seu contexto social.

Pelo que foi exposto até aqui, a abordagem sócio-histórica vincula intrinsecamente a arte ao psiquismo humano, pelas próprias características da obra de arte estudadas por Vygotsky. Para ele, o contato com a arte altera sentimentos, vontade, comportamento, consciência e psiquismo. Através da psicologia sócio-histórica de Vygotsky o arteterapeuta pode compreender melhor o funcionamento desse psiquismo, a partir do estudo da reação estética envolvida na obra de arte e no processo criativo. Assim poderá buscar desenvolver ainda mais, no indivíduo, através da expressão artística, a capacidade recriadora de si e do mundo que o cerca.

Em Vygotsky apreende-se a importância da arte, da vivência estética e do processo criativo na formação do psiquismo humano, o que é muito relevante para a Arteterapia. Como relembra Reis (2014), através do fazer artístico desenvolve-se a criatividade e pode-se estabelecer um contato profundo e eficaz entre paciente e terapeuta. De acordo com a psicologia social histórico-cultural, que enfatiza a natureza transformadora da arte, a arte pode mediar a relação criadora entre o homem e a vida, e ampliar suas possibilidades de modos de viver.

> É precisamente a atividade criadora do homem que o faz um ser projetado para o futuro, um ser que contribui para criar e modificar seu presente. (VYGOTSKY *apud* REIS, 2014a, p.255)

*

ISABEL CRISTINA CARVALHO PIRES - Formação: Jornalismo; Complementação Pedagógica; Antiginástica®; Arteterapia e Psicologia. Pós-graduanda em Psicologia Analítica. A autora, além de Arteterapeuta e Psicóloga, tem formação e experiência em Antiginástica ® Thèrese Bertherat; é jornalista e professora de Inglês e Francês. Realiza atendimentos clínicos individuais e grupais em Arteterapia.

BARROCO, S.M.S.; SUPERTI, T. "Vigotski e o estudo da psicologia da arte: contribuições para o desenvolvimento humano." *In Psicologia & Sociedade*. Paraná, 26 (1). Pp. 22-31, 2014. Disponível em: <https://www.researchgate.net/journal/18070310_Psicologia_e_Sociedade> Acesso em: 30/09/2019.

REGO, T. *Vygotsky: uma perspectiva histórico-cultural da educação*. Rio de Janeiro: Vozes, 1995 (4ªedição).

REIS, A. (2014). "A arte como dispositivo à recriação de si: uma prática em psicologia social baseada no fazer artístico." *Barbaroi Revista do Departamento de Ciências Humanas*, Santa Cruz do Sul, 2014, nº 40, pp. 246-263. Disponível em: < https://online.unisc.br/seer/index.php/barbaroi/article/view/3386> Acesso em: 08/10/2019.

REIS, A.; ZANELLA, A.V. "Arte e vida, vida e (em) arte: entrelaçamentos a partir de Vygostky e Bakhtin." *In Psicologia Argumento*, Paraná, 2014, vol. 32, nº 79, supl. 1, pp.100-102, 105. Acesso em: 05 maio 2019. Disponível em: <https://periodicos.pucpr.br/index.php/psicologiaargumento/article/view/20463/19721. Acesso em: 05 maio 2019.

SCHÜHLI, V. *A dimensão formativa da arte no processo de constituição da individualidade para si: a catarse como categoria psicológica mediadora segundo Vigotski e Lukács*. Dissertação apresentada ao Curso de Pós- Graduação em Psicologia, Universidade Federal do Paraná, Curitiba, 2011.

Um diálogo entre a Arteterapia e as Neurociências

Por Juliana Ohy - SP
Publicado em 24/04/17

Quem ouve falar da Arteterapia não imagina quão vasta ela pode ser e até onde podem alcançar seus lindos saberes!

A Neurociência associada à Arteterapia pode contribuir muito no prognóstico de doenças e comprometimentos que envolvam as emoções e a cognição. Entender o ser humano como um ser integral implica também observar suas vicissitudes emocionais e cognitivas.

Atualmente, quanto mais completa for a intervenção, maior o alcance de conseguirmos resultados mais significativos no tratamento ou no processo terapêutico.

A Arteterapia é "um método que tem a capacidade de possibilitar a exploração de problemas e de capacidades pessoais através da expressão verbal e não verbal" (MARTINIE *et al*, 2016). É através do afeto, da emoção e de técnicas expressivas que podem ser obtidos resultados terapêuticos e de reabilitação.

Pesquisas vêm demonstrando maior comunicação e integração entre os sistemas de processos afetivos e cognitivos, especialmente em níveis corticais superiores. Ou seja, há uma integração funcional entre os dois sistemas, que permite um papel modulador dos afetos na cognição. O que se percebe é que o isolamento de processos cognitivos "puros" e, de certo modo, de processos afetivos "puros" seria praticamente impossível quando se estuda a cognição (CAGNIN, 2008).

Estudos da neurociência apontam para os efeitos – não apenas da arte, mas da Arteterapia – no sistema nervoso e, consequentemente, sua influência nos sistemas orgânicos do ser humano. Ela possibilita a mobilização da plasticidade neural, assim como desencadeia neurotransmissores capazes de atuar sobre o sistema imunológico, o humor e sensações como a dor, por exemplo (FONSECA, WEDKIN, 2011).

> Experiências criativas são reconhecidas por, na realidade, aumentar o funcionamento e estrutura cerebrais. Exames neurológicos revelaram aumento do fluxo sanguíneo para o cérebro durante períodos de pensamento criativo. Qualquer atividade criativa, que seja prazerosa, eleva aos padrões de onda cerebral alpha típicos do estado de alerta tranquilo, o estado consciente, porém relaxado, encontrado na meditação. A serotonina, química em nossos corpos que alivia sentimentos de depressão, também aumenta durante atividade criativa. Programas de arte terapêutica em hospitais demonstraram fornecer muitos benefícios, incluindo redução do estresse, melhorando a capacidade de comunicar sentimentos sobre sintomas e melhoramento da pressão sanguínea, frequência cardíaca e respiratória através da exposição às artes. (FONSECA, WEDKIN, 2011, p.38).

Se temos um método que trabalha diretamente com os afetos e outro com a cognição, e se valorizamos a intervenção terapêutica do ser integral, por que não unir essas duas fantásticas áreas?

A Clínica Synapse: Geriatria e Estimulação Cognitiva, localizada em Jundiaí/SP, oferece oficinas de estimulação e reabilitação cognitiva para grupos de idosos. As oficinas utilizam técnicas diversas para que a atividade neural seja trabalhada da melhor forma. Uma das oficinas é a de Arteterapia, e o que sempre me perguntam é se conseguimos resultados positivos no prognóstico desses clientes.

Cabe considerarmos que um idoso com doença neurodegenerativa não terá melhora cognitiva, porém poderá alcançar benefícios na sua qualidade de vida.

O que percebemos com os idosos da Synapse é que, com a prática da Arteterapia, muitos deles conseguem se organizar melhor, ter mais controle percepto-motor, a funcionalidade nas atividades de vida diária melhora, além de apresentarem humor mais equilibrado.

Assim, a resposta que posso dar é que a Arteterapia não pode intervir diretamente no impedimento da morte dos neurônios de uma doença neurodegenerativa, mas, intervindo indiretamente e atuando no emocional desses idosos, uma estabilização e melhora da qualidade de vida são certamente alcançadas.

*

JULIANA OHY – Psicóloga; Arteterapeuta; Psicopedagoga; especializada em Psicogeriatria e Neuropsicologia; mestre em Saúde Mental e doutoranda em Ciências da Saúde. Sócia-diretora da Clínica Synapse: Geriatria e Estimulação Cognitiva (Jundiaí /SP); Professora da pós-graduação em Gerontologia pela AVM; Pesquisadora na área de Neurocirurgia pelo Hospital Sírio-Libanês/SP. Membro da equipe e professora do curso Neurociências da Educação do CBI of Miami; Palestrante na área de Neurociências, Gerontologia e Arteterapia; Professora dos cursos Arte e Cognição: Estimulando o cérebro através da Arte e Jogos Cognitivos. Autora do livro *Jogos Cognitivos: Um olhar multidisciplinar*, pela WAK Editora.

Referências Bibliográficas

CAGNIN, Simone. "Algumas contribuições das neurociências para o estudo da relação entre o afeto e a cognição." *Estudos e pesquisas em psicologia*, Rio de Janeiro, vol. 8, nº 2, agosto, 2008. Disponível em http://pepsic.bvsalud.org/scielo.php?script=sci_arttext&pid=S1808-42812008000200023&lng=pt&nrm=iso.

FONSECA, Rafael Ayrton Lucena; WEDEKIN, Luana Maribele. "4 - O uso da arteterapia somática em casos de dor crônica no contexto naturológico." In *Revista Científica de Arteterapia Cores da Vida*. Ano 7, vol. 13, nº 13, julho-dezembro 2011, (p.38).

MARTINIE, Josy Mariane Thaler; JUNQUEIRA Carvalho Filha, Maria Tereza; MENTA, Sandra Aiache. "Arteterapia: recurso terapêutico ocupacional na terceira idade." *In Multitemas*, (S.l.), 2016. Disponível em: <http://www.multitemas.ucdb.br/article/view/843.

Terapia cognitivo-comportamental e a Arteterapia: ressignificando os sabotadores através de mandalas

Por Juliana Mello - RJ
Publicado em 26/11/08

A terapia cognitivo-comportamental – TCC – enfatiza a ideia de que o modo como pensamos afeta nossas emoções e comportamentos. Pensamento, emoção e comportamento estão diretamente ligados; quando um não "funciona" bem, os outros também ficam disfuncionais. Nossas interpretações – pensamentos – sobre as situações têm forte influência na forma como percebemos a nós mesmos, o outro e nosso futuro.

Em muitos casos, porém, é difícil identificar o que estamos pensando ou sentindo. As palavras podem nos faltar ou não parecerem suficientes para descrever o que nos incomoda, o que nos gera angústia. A Arteterapia ajuda-nos a trazer à tona esses pensamentos e sentimentos, de forma lúdica e natural – os conteúdos que não estão conscientes. Nessa metodologia o paciente pode experimentar-se, facilitando o desenvolvimento e as transformações internas.

Neste caso trabalhamos a reestruturação do nosso comportamento, e, assim, teremos como consequência a flexibilização dos pensamentos e emoções mais agradáveis. A ideia não é mudar o pensamento e deixar de sentir emoções desagradáveis, mas pensarmos em possibilidades funcionais não excluindo a realidade, mesmo que seja desconfortável.

Os sabotadores são nossas reações disfuncionais que foram desenvolvidas na infância. Nessa fase da vida, porém, nosso cérebro ainda se encontra em sua estrutura mais primitiva, e os sabotadores são necessários para nossa sobrevivência emocional. Ao nos desenvolvermos, eles vão deixando de ser necessários, mas, com o uso durante muito tempo, eles passam a ser hábitos automáticos no nosso funcionamento e percepção do mundo. Quando não são atendidos, é acionado o *crítico patológico*, uma vozinha que fica em nossos pensamentos lembrando-nos sempre de coisas desagradáveis e disfuncionais. Esses comportamentos estão quase ou totalmente fora do domínio da consciência. Para combater o *crítico patológico*, precisamos acionar o *sábio*, que tem uma estrutura mais criativa e percebe possibilidades diferentes de resoluções nas situações, enquanto o *crítico patalógico* tem visão focal somente para o negativo. Todos nós possuímos o *crítico patológico*, que vem reforçado por, pelo menos, um ou dois sabotadores (existem nove).

Em meu trabalho clínico, o trabalho com mandalas tem-se mostrado eficaz no desenvolvimento do *sábio* através das escolhas das formas, das cores, na produção e desenvolvimento de suas próprias mandalas. Além de fomentarmos esse comportamento, o trabalho com mandalas traz à tona, isto é, à Consciência, pensamentos e situações que estão "esquecidos" pelo paciente e que geram sofrimento.

Caso clínico

Paciente J, 32 anos, casada, trabalha na área de saúde. Chegou ao meu consultório em março/18, com queixa de desorganização de suas tarefas diárias e com questões de emagrecimento e falta de continuidade em dietas, e tempo para praticar atividades físicas. Não parecia sentir-se confortável para o diálogo e seu discurso não parecia condizer com a queixa inicial, porém a paciente não faltava a nenhuma sessão. Após aplicar o teste dos sabotadores, o resultado passou a fazer sentido para a paciente e como estávamos trabalhando comportamento, começamos com o uso das mandalas. Seus sabotadores foram: *insistente, prestativo, hipervigilante e controlador.* Lembrando que os sabotadores são rígidos e têm a visão focal.

Iniciei o processo oferecendo possibilidades de mandalas para que uma fosse escolhida. Nessa etapa já trabalhamos a ampliação da visão, a escolha da melhor possibilidade, o olhar para o interno, a descrição de si através das cores, os sentimentos, o fazer criativo. Nesse primeiro momento foi possível perceber a diferença dentro do *setting* do comportamento da paciente; ela pareceu mais confortável no ambiente e mais comunicativa.

Em seguida, a mandala é traçada no papel vegetal, acrescentando-se ou eliminando elementos da mandala inicial e procedendo à realização de sua própria mandala.

Nas etapas seguintes são acrescentadas mandalas a serem coloridas com lápis de cor aquarelável, trabalhando-se sentimentos como: frustração e perfeccionismo (muito forte) e ansiedade.

Em muitas sessões a paciente expressava que não tinha nada a ser falado; ao realizar as atividades aconteciam *insights* e ela discorria sobre acontecimentos agradáveis e, principalmente, desagradáveis, sendo possível realizar a reestruturação cognitiva dos mesmos.

As etapas seguintes podem ser realizadas com pintura e colagem, porém a sequência é flexível, acontecendo de acordo com a demanda apresentada.

*

JULIANA MELLO – Psicóloga e Arteterapeuta. Atendimentos clínicos individuais e em grupo a crianças, adolescentes, adultos e idosos. Abordagem em Terapia Cognitivo-Comportamental e Arteterapia.

Referências Bibliográficas

ROSNER, S.; HERMES, P. *O ciclo da autossabotagem: por que repetimos atitudes que destroem nossos relacionamentos e nos fazem sofrer*. Rio de Janeiro: BestSeller, 2018 (16ª edição).

https://www.companhiadasletras.com.br/testeinteligenciapositiva/

O olhar sob novas perspectivas em Arteterapia

Por Patricia Serrano Rodriguez – RJ
Publicado em 30/03/20

Por ocasião do trabalho de conclusão do módulo "*Gestalt* da Arte – Percepção e tomada de consciência" do curso de formação em Arteterapia do qual participo, tive a oportunidade de entrar em contato com os principais conceitos da *Gestalt* e articulá-los com as técnicas expressivas da Arteterapia.

Trabalhamos duas ferramentas da *Gestalt* Terapia: os conceitos "maximizando" e "minimizando". Juliano (1999) traz-nos as seguintes definições:

Maximizando – quando o cliente fica preso a detalhes, incapaz de uma visão geral e ampla, é possível sugerir que mude de lugar na sala, assuma outra posição, concretamente olhando por um outro ponto de vista (...) que assuma uma posição na qual possa ter uma perspectiva totalmente diferente.

Minimizando – ocorre quando o cliente precisa "retirar" energia de um certo tema e é necessário trabalhar novas perspectivas.

Desses conceitos extraímos basicamente a ideia de uma mudança de ponto de vista, uma nova perspectiva, mudança de posição e ampliação do olhar. Muitas vezes, diante do sofrimento psíquico, o indivíduo paralisa e tem dificuldade de identificar um novo olhar sobre o problema e encontrar saídas.

Segundo Dalgalarrondo (2008), nas síndromes depressivas, por exemplo, dentre vários sintomas, há uma predominância de sentimentos de tristeza e tédio, desesperança, ruminações com mágoas antigas e dificuldade de tomar decisões. O referido autor traz-nos a poesia de Fagundes Varella que representa bem esse estado de sofrimento psíquico:

E pouco a pouco se esvaece a bruma,
Tudo se alegra à luz do céu risonho
E ao flóreo bafo que o sertão perfuma.
Porém minh'alma triste e sem um sonho
Murmura olhando o prado, o rio, a espuma:
Como isto é pobre, insípido, enfadonho!

O poeta fala-nos de um olhar empobrecido, insípido e enfadonho; e nós, terapeutas, de que forma colocamo-nos diante dessa demanda na clínica tanto individual quanto grupal? De que forma podemos nos utilizar das técnicas expressivas para minimizar esse sofrimento e proporcionar no *setting* terapêutico um novo olhar e/ou um novo posicionamento?

A partir desses questionamentos entramos em contato com a possibilidade criativa através do trabalho com o tridimensional.

Segundo Moraes (2019) o tridimensional tem como propriedade a possibilidade de deslocar o olhar, de explorar outras perspectivas, obter novas percepções de um mesmo objeto, cenário ou imagem, bastando para isso movimentar-se. Estimula a busca de soluções, o reconhecimento dos recursos, a criação de estratégias e suas execuções, além de trabalhar a proatividade, o pensar "fora da caixa", em especial quando explorada a pluralidade dos materiais.

Trabalho desenvolvido

Munidos desses conceitos desenvolvemos a técnica grupal com o seguinte tema: "Ferreira Gullar e a colagem tridimensional". Ferreira Gullar, poeta, escritor e crítico de arte, poucos anos antes de sua morte em 2016, enveredou pelas artes plásticas, fazendo colagens em relevo que, segundo ele, nasciam do acaso, conforme recortava materiais de cores diversas. Com a palavra o escritor descrevendo seu processo criativo:

> Estava recortando um papel de cor verde, quando de repente o avesso desse papel, que era de outra cor, se mostrou: colei o recorte assim mesmo, isto é, a forma verde que recortara e mostrando o avesso de cor cinza, que passei a fazer em formato maior[1].

Inspirados por esse artista das palavras e – por que não? – das cores, também nos utilizamos de sua poesia para sensibilizar o grupo antes da atividade em si. Segue "Traduzir-se":

Uma parte de mim
é todo mundo;
outra parte é ninguém:
fundo sem fundo.

Uma parte de mim
é multidão:
outra parte estranheza
e solidão.

Uma parte de mim
pesa, pondera;
outra parte
delira.

---

[1] KAZ, L. "A revelação do avesso de Ferreira Gullar". Texto publicado do site da revista Veja, Rio de Janeiro, 2014.

Uma parte de mim
almoça e janta;
outra parte
se espanta.

Uma parte de mim
é permanente;
outra parte
se sabe de repente.

Uma parte de mim
é só vertigem;
outra parte,
linguagem.

Traduzir-se uma parte
na outra parte
— que é uma questão
de vida ou morte —
será arte?

Ferreira Gullar, *Na vertigem do dia.*

Sensibilizados visualmente e através das palavras de Ferreira Gullar, iniciamos a atividade propriamente dita. Inicialmente propusemos aos participantes que entrassem em contato com as folhas A4 coloridas e fizessem a escolha de duas delas, de cores distintas, e colassem uma na outra. Disponibilizamos tesouras, estiletes e cola para que - através do recorte, colagem e dobradura - eles fossem encontrando formas que saíssem do bidimensional para o tridimensional.

Após essa etapa sugerimos que a produção fosse manuseada de maneira que o participante pudesse observar novos ângulos e perspectivas da forma tridimensional que criou.

Segundo Moraes (2019), colocar o sujeito na experiência com o material significa colocá-lo para agir sobre si mesmo em suas questões psíquicas. Sugere que o arteterapeuta atente para os "verbos" ou as ações que cada material proporcionará externa e internamente em seu cliente. No caso da construção da escultura, por exemplo – portanto, o tridimensional –, a referida autora fala-nos que as ações provocadas são: estruturar, construir, reconstruir, edificar, concretizar, materializar, dar corpo, fazer crescer, levantar, ficar em pé, erguer, verticalizar, buscar soluções, formar estratégias, executar, realizar, "batalhar", persistir.

Importante estar atento a esses verbos, pois eles vão nos permitir fazer a ligação entre o discurso do cliente – portanto, a sua necessidade – com a técnica expressiva de escolha para trabalhar a questão.

No compartilhamento da atividade foi visível o quão surpreendente e potente deu-se o processo de criação, e o quanto que esses "verbos" estavam presentes nos discursos dos participantes. E, para além desse processo criativo inicial, que por si só já é riquíssimo de reflexões, essa técnica ainda nos permite propor o estímulo a um novo olhar sobre o objeto, como um exercício concreto de ver as situações de vida sob uma nova perspectiva – o que muitas vezes faz-se necessário para a manutenção da saúde mental.

Esse trabalho foi desenvolvido em dezembro de 2019 e hoje (março de 2020), ao escrever sobre ele, é possível identificar a sua perfeita aplicabilidade no momento atual, em que estamos vivendo as consequências da pandemia do corona vírus no Brasil.

Um cenário da doença que ainda era algo distante da nossa realidade, mas que em pouco tempo fez-se presente através da necessidade premente de isolamento social. Como psicóloga não pude deixar de observar através das redes sociais as consequências desse distanciamento na saúde mental das pessoas. Sentimentos de medo, angústia, dúvidas e insegurança, inicialmente, mas também manifestações de criatividade em que, para algumas pessoas, foi possível enxergar esse momento por outros ângulos e possibilidades, ao resgatar encontros familiares através do virtual, criar redes de apoio para pessoas mais vulneráveis nesse momento e até mesmo descobrir os benefícios pessoais de desacelerar o ritmo da vida.

Ainda temos muitos enfrentamentos daqui para frente – e num nível alto de complexidade –, mas deixo aqui o convite para a possibilidade de um olhar criativo, um olhar que saia do bidimensional e vá para o tridimensional na busca por novas perspectivas e ângulos do que estamos vivendo.

Para finalizar, a arte da poesia para aquecer o nosso coração:

Estamos distantes
e com a saudade
enxergamos os detalhes

Zack Magiezi

*

PATRICIA SERRANO RODRIGUEZ – Psicóloga clínica e hospitalar; Arteterapeuta em formação; pós-graduada em Psicologia Hospitalar pela Fiocruz. Atendimentos clínicos individuais e em grupo a adolescentes, adultos e idosos. Atualmente compõe a Equipe Não Palavra na gestão dos materiais e eventos.

Referências Bibliográficas

DALGALARRONDO, P. *Psicopatologia e semiologia dos transtornos mentais.* Porto Alegre: Artmed, 2008.

GULLAR, F. "Traduzir-se" In: *Na vertigem do dia.* São Paulo: Companhia das Letras, 2017.

JULIANO, J.C. *A arte de restaurar histórias: diálogo criativo no caminho pessoal.* São Paulo: Summus editorial, 1999.

MORAES, E. *Pensando a Arteterapia,* Vol. 2. Divino de São Lourenço: Semente Editorial, 2019.

KAZ, L. "A revelação do avesso de Ferreira Gullar". Texto publicado do site da revista Veja, Rio de Janeiro, 2014. Acesso em: https://www.uqeditions.com/artigo-ferreira-gullar

A Arteterapia no atendimento de paciente com gagueira grave

Por Sueli Antonusso - SP
Publicado em 27/05/19

Como outros instrumentos, a arte tem o poder de ampliar nossas potencialidades para além dos limites originalmente impostos pela natureza. A arte compensa algumas de nossas fraquezas inatas, nesse caso mais mentais do que físicas, fraquezas que podemos chamar de fragilidades psicológicas. (BOTTON, 1969, p.5)

Entre a primeira e a segunda guerras mundiais surgiu o movimento artístico e literário surrealista, que reuniu artistas de vanguarda e ganhou dimensão mundial. Influenciado pelas teorias psicanalíticas de Sigmund Freud (1856-1939), o surrealismo destacava o papel do inconsciente na atividade criativa. Entre os objetivos do surrealismo incluía-se produzir uma arte autônoma, livre do pensamento lógico e da consciência cotidiana, buscando expressar os sonhos e o mundo inconsciente.

Ainda que o reconhecimento da utilização das artes com fim terapêutico tenha ocorrido há bastante tempo, a estruturação de estratégias terapêuticas que deram origem à Arteterapia é recente, podendo ser considerada a partir do protocolo das atividades desenvolvidas pelo médico alemão Johann Christian Reil, contemporâneo de Pinel, no início do século XIX (SEI, 2011, p.23). Desde então, ao introduzir atividades artísticoexpressivas em seu procedimento a Arteterapia tornou-se um processo terapêutico.

Materiais e recursos provenientes das artes em geral são utilizados para realização de produções que ocorrem durante o processo terapêutico, com a finalidade de atender à necessidade expressiva de cada indivíduo na busca de significado e sentido para a própria vida.

Em Arteterapia as imagens produzidas, mediadas por recursos expressivos da arte, podem ser consideradas como uma forma simbólica de comunicação entre cliente e terapeuta. Segundo Hisada:

> O ser humano tem a capacidade de transmitir uma experiência emocional através de um canal plástico, como a poesia, a produção pictórica, a música, o teatro, as histórias; enfim, através de experiências da cultura. (*apud* SEI, 2001, pp. 33-34)

No Brasil o exercício da Arteterapia fundamenta-se, de maneira mais frequente, em dois referenciais teóricos: a *Gestalt*-terapia e a psicoterapia junguiana, enquanto que, nos EUA e em alguns países da Europa utiliza-se mais o referencial da psicanálise. Para Freud (1909), médico e psicanalista austríaco, a criatividade emana do inconsciente, de forma livre. Ele relacionou as imagens e sensações dos sonhos às lembranças de um passado reprimido e retido no inconsciente. Seus conceitos sobre arte foram extraídos do teatro grego, dos contos fantásticos alemães, de Shakespeare, além de outros artistas.

De forma distinta, Jung (1920), psiquiatra e analista suíço, empregava recursos da arte como elemento do tratamento.

Solicitava que seus pacientes desenhassem seus sonhos e conflitos como atividade criativa e integradora da personalidade, na qual atribuía significados simbólicos considerando o inconsciente pessoal e coletivo.

Em meus atendimentos faço uma mescla entre a teoria psicanalítica, mais especificamente a abordagem winnicottiana, e a abordagem junguiana. Ao realizar encontros com grupos proponho atividades mais estruturadas. Utilizo recursos como: filosofia, visualizações criativas, rodas de conversa, arte moderna, poesias, contos e mitologia para sensibilizar e estimular a expressividade de conteúdos inconscientes favorecendo, assim, a partir de um plano de ação pré-definido, o autoconhecimento e a ampliação do potencial criativo.

Já nos atendimentos individuais utilizo o jogo do rabisco, seguindo a proposta de Winnicott (2005), pediatra e psicanalista inglês, por facilitar o processo criativo, deixando-o mais solto e espontâneo favorecendo a confiança na relação no início do processo. De acordo com Winnicott, o paciente necessita de um *setting* estritamente profissional, no qual fique livre para explorar a oportunidade excepcional que a consulta proporciona para a comunicação.

> A comunicação do paciente com o psiquiatra referir-se-á às tendências específicas que têm forma atual e raízes que remontam ao passado ou se entranham profundamente na estrutura da personalidade do paciente e de sua realidade interior pessoal. (WINNICOTT, 2005, p.230)

O "jogo do rabisco" para Winnicott é um recurso que oferece ao paciente um *setting* preparado para acolher seus sentimentos e emoções a partir de um modo específico de sustentação (*holding*) capaz de surpreender, facilitar a comunicação e a expressividade.

Para ilustrar, trago um recorte do atendimento de A, adolescente de 17 anos encaminhado pela fonoaudióloga com diagnóstico de gagueira grave e pensamento concreto, segundo teste psicológico. Na primeira entrevista, A mal conseguia pronunciar seu nome. Percebi que seria difícil manter com ele um diálogo por meio da palavra. Propus o jogo do rabisco, no qual fiz uma adaptação. Utilizei uma folha de papel sulfite, em branco, no formato A4. Com um lápis grafite fiz um rabisco na folha e sugeri que A desse continuidade fazendo outro rabisco com seu lápis, e, assim, prosseguimos até que a folha estivesse preenchida. Em seguida pedi que A colorisse os rabiscos até encontrar uma forma que tivesse algum significado e, desse modo, surgiu a imagem de um pinguim.

Li sobre a vida dos pinguins por meio da *internet* e A mostrou-se interessado pelo fato de os pinguins serem pássaros que não podem voar; metaforicamente sugerem a ideia de que são "seres não convencionais". Talvez A tenha se identificado por ser negro, gago, diferente da maioria, "não convencional". Além disso, existe a questão da submissão ao que é imposto socialmente, ao que é comum, "convencional". A, adolescente e "diferente", sinalizou que uma das suas questões poderia estar relacionada a ter que "se submeter" às convenções, mesmo sendo "diferente" da maioria.

Os pinguins são seres sociais e comunicativos, e apesar do largo sorriso simpático, A apresentava muita dificuldade para se comunicar por causa da gagueira. Por serem sociáveis, os pinguins partilham a sobrevivência com o grupo. A, por sua condição, comentou sentir-se socialmente isolado e demonstrou ter gostado bastante de saber sobre a vida dos pinguins.

Seja por identificação ou pelo estranhamento, A conseguiu contar-me algumas questões que lhe causavam muito sofrimento. Desde os cinco anos de idade, toda vez que o pai chegava em casa embriagado batia nele com um pedaço de pau, sem motivo. Com o tempo, por ter crescido e estar mais forte, passou a revidar as surras. Disse sentir muito ódio do pai. Falou sobre o *bullying* sofrido na escola por ser "não convencional", como os pinguins. Como os pinguins, gostaria de conviver socialmente, de ser aceito sem precisar passar por tanto preconceito.

No final da sessão pontuei que talvez o desenho do pinguim tenha "facilitado" sua fala. Sugeri que ele conseguiu, através do desenho, reconstruir uma pequena parte da sua história e contar um pouco sobre sua vida, fazendo uma pequena "pausa" em sua gagueira. Ele sorriu e concordou balançando a cabeça. Às vezes a comunicação através da palavra é bloqueada por ser angustiante. Quando a angústia provém de fases mais "arcaicas" – pré-verbais – ou através do trauma, o indivíduo sente-a de forma mais intensa pelo fato de não ter constituído recursos internos para lidar com sofrimentos profundos. Nesses casos, os recursos expressivos da arte constituem canais criativos que facilitam a comunicação de tais experiências de intenso sofrimento.

Para Winnicott, cabe ao terapeuta proporcionar ao paciente um relacionamento natural e humano, um vínculo capaz de tornar possível a integração da personalidade através do que chamou de *holding.* O *holding* consiste em uma forma de "sustentação", de disposição empática e afetiva para perceber e atender às necessidades do paciente.

Nesse sentido, a arte pode configurar-se como um meio que, somado ao *holding* fornecido pelo *setting* arteterapêutico, "pode colaborar para a emergência do gesto criativo e espontâneo do paciente, com a vivência de ser alguém singular e único a partir da própria espontaneidade". (SEI, 2001, p.41)

Acredito que dessa forma podemos pensar a Arteterapia como um espaço continente e seguro, conduzido pelo arteterapeuta profissional que auxilia e facilita a comunicação de questões profundas da personalidade, e possibilita a expressão criativa de forma livre e prazerosa, como num jogo ou numa brincadeira.

*

SUELI ANTONUSSO – Arteterapeuta (UNIPSP); especialização em Psicanálise e Orientação Profissional e Carreira (Instituto Sedes Sapientiae); Mindfulness (IPqHCUSP); Mandala Terapêutica (CEIMAS); Curso teórico-prático uso da Argila no processo terapêutico. Atendimento terapêutico individual e em grupo. Apresentação de pôster no XIII Congresso de Arteterapia em Santa Catarina. Capacitação de educadores de EMEIs e CEIs. *Workshops* e Oficinas de Arteterapia em Instituições e Empresas. Orientação Profissional para jovens do ensino médio. Voluntária no projeto da BRAHMA KUMARIS/

Unicef – Vivendo Valores na Educação. Idealizadora e facilitadora do projeto Diálogos com a Alma inspirado na leitura do livro *Esperança Ativa* utilizando Meditação, Arteterapia e Roda de Conversa como recurso.

Referências Bibliográficas

DE BOTTON, A. e ARMSTRONG J. *Arte como terapia*. Trad. Denise Bottmann. Rio de Janeiro: Intrínseca, 2014 (1ª edição).

SEI, M.B. *Arteterapia e psicanálise*. São Paulo: Zadodoni, 2011.

WINNICOTT, C. *Explorações psicanalíticas: D.W. Winnicott, Ray Shepherd & Madeleine Davis*. Porto Alegre: Artes Médicas Sul, 1994.

https://www.culturagenial.com/surrealismo/

https://pt.wahooart.com/@@/6WHJWC-Andr%C3%A9-Aim%C3%A9-Ren%C3%A9-Masson-Desenho-autom%C3%A1tico-02

http://nuearte.blogspot.com/2010/01/rene-masson-o-pintor-frances-censurado.html

Quem nunca... Diálogos entre a sincronicidade e a Arteterapia

Por Andréa Goulart de Carvalho - MG

Publicado em 04/06/18

Quem nunca...

... pensou em algo e – sem uma causa, sem que alguém ou alguma circunstância tivesse forçado o acontecimento – a "coisa" se materializou?

Um medo de insetos relatado de dia e, de noite, uma mariposa enorme está dentro do quarto de dormir. De onde surgiu? Verdadeiro e, nesse caso, terrível mistério!

Quem nunca sentiu saudades de alguém e, ao dobrar uma esquina, lá está a pessoa, materializada? Assim, do nada! Há alguns dias, no trajeto para um encontro, passei por um local e lembrei-me de um estilista de bolsas de couro que tem um ateliê ali por perto. O pensamento correu pela história de vida dele e passou. Minutos depois, a amiga com quem me encontraria surgiu com uma das criações do estilista.

Sim, nem só mariposas acontecem! Graças a Deus!

Todos vivenciamos acasos corriqueiros e sem importância, não é? Afinal, quem liga para uma mariposa num canto do quarto?... Eu ligo! E a bolsa da amiga, coincidência, uai! Será? Há situações que ultrapassam a esfera doméstica, as coisinhas do dia a dia como bolsas e pessoas surgidas do nada. Acontecimentos fora da esfera individual, que vêm através de um pensamento, *insights*, visões, pressentimentos, ou em sonhos como sobre um acidente de avião, tão real e terrível – e depois o noticiário da manhã mostra a cena exata do sonho. Muita calma nessa hora!

FENÔMENOS ACAUSAIS, COMPLEXOS, PROFUNDOS, SIGNIFICATIVOS, MAS QUE TÊM EXPLICAÇÃO

Esses acontecimentos são os "fenômenos de sincronicidade", um conceito empírico elaborado a partir dos estudos complexos e profundos de Carl Gustav Jung sobre fatos relacionados entre si por significados, e não por terem sido causados ou terem acontecido casualmente. Jung disse:

> (...) a ligação entre os acontecimentos, em determinadas circunstâncias, pode ser de natureza diferente da ligação causal e exige um outro princípio de explicação. (JUNG, OC8/3, § 819)

Tais fenômenos não devem ser avaliados de forma simplista. Segundo Jung:

> (...) para captar de um modo ou de outro esses acontecimentos únicos ou raros, parece que dependemos de descrições 'únicas' e individuais. (*Idem*, OC8/3, § 821)

Desde muito cedo em sua carreira, Jung estudou circunstâncias interessantes que ocorriam nos seus atendimentos. Num atendimento em especial, em meados de 1920, enquanto a paciente relatava seu sonho com um escaravelho, um inseto bateu na vidraça do consultório. Jung abriu a janela e o apanhou, em pleno voo e o mostrou à paciente. A incrível semelhança do inseto àquele descrito por ela ressaltou que o fato ocorrido envolvia um elemento diferente, muito além do acaso. Haviam vivenciado um fenômeno de sincronicidade.

A partir desse fato Jung aprofundou a pesquisa nos fenômenos sincronísticos. Estudou a física clássica e a moderna, a causalidade e a acausalidade dos fatos raros, mas possíveis e reais. Buscou entendimento dos conceitos de serialidade, imitação, atração e inércia, simultaneidade, estatística, probabilidade e finalidades para explicar os acontecimentos, aparentemente casuais.

No estudo de culturas diversas e de épocas distintas, Jung verificou a existência de uma ligação entre todas as coisas como se fosse em uma grande rede de correspondências. A ideia da existência de uma sabedoria maior e superior à alma humana e a necessidade de retomada de uma visão transcendente sobre os acontecimentos foram também visualizadas por Jung, para que um sentido mais amplo, mais humano e menos científico, pudesse tentar explicar os fenômenos da psique, as sincronicidades.

Os peixes

A complexidade do tema adiou, por muitos anos, a publicação de estudos sobre a sincronicidade. Em 1949 Jung desenvolvia a simbologia do peixe como símbolo do inconsciente, quando uma série de sete fatos relacionados a peixes, ocorridos nos dias 10 e 2 de abril daquele mesmo ano, fez com que ele retomasse o estudo dos eventos sincronísticos à luz da psicologia profunda associada à física moderna. Dessa forma pôde evidenciar que o inconsciente coletivo e os arquétipos, conceitos desenvolvidos por ele, têm total participação nos fenômenos de sincronicidade.

Jung relatou os sete fatos, inicialmente denominados "coincidências significativas", uma organização acausal, com caráter "numinoso", ou seja, *sagrado, sobrenatural, misterioso*:

1) naquele dia teriam peixe para o almoço;

2) havia o costume do peixe de 1° de abril, brincadeira que deu origem ao "dia da mentira" em que eram colados desenhos de peixes nas costas de pessoas; eram chamados de "os peixes de abril";

3) uma anotação feita por ele, pela manhã: "todo homem é peixe pela metade, na parte de baixo";

4) uma paciente ter-lhe mostrado pinturas, feitas por ela, de figuras de peixes;

5) outra paciente relatara seu sonho com peixes;

6) outras pessoas mostraram bordados de peixes;

7) Jung encontrou um peixe morto na mureta do lago de Zurique.

A sincronicidade acontece quando ocorrem dois fatos ou mais, sem ligação causal, significativos para quem os vivencia, não necessariamente acontecendo ao mesmo tempo, no mesmo lugar ou repetidamente.

Jung afirma que a sincronicidade complementa a tríade da física clássica – tempo/espaço/causa – tornando-a uma tétrada ou quatérnio, formando o princípio da totalidade, mais coerente com a física moderna e as leis da relatividade. Afirma também que as coincidências significativas acontecem quando um arquétipo é constelado em um padrão dinâmico, e que se manifestam mediante três categorias:

a) estado psíquico associado a evento externo e simultâneo (ex.: escaravelho);

b) estado psíquico associado a evento externo e simultâneo, mas sem ligação no espaço (ex.: encontrar uma pessoa/ bolsa);

c) estado psíquico associado a evento externo sem ligação no tempo (ex.: sonho com o acidente de avião).

Arquétipo e significado

O arquétipo tem uma forma própria de manifestação, em uma ordenação acausal, por trás do fenômeno, sem controle por parte da pessoa que o vivencia e mostrando algo sobre essa pessoa que experimenta o fato.

O significado do fenômeno de sincronicidade é único e pessoal. É um portal para uma realidade particular. Uma chave para perceber significados ao transpor esse portal. Como as imagens e sensações permanecem e/ou modificam seu entorno. Suas atitudes e a sua forma de se comunicar.

Como poderia a pessoa que sonhou com o acidente de avião criar as imagens ou entender sobre ele, antes de o fato acontecer? De onde surgiu a imagem, a visão no sonho? Qual o significado no contato, quase imediato, de uma pessoa com um dos artigos de um estilista lembrado aleatoriamente? Qual a probabilidade de isso acontecer com alguém e qual seria o arquétipo constelado? Como tudo isso atua na vida de uma pessoa?

ARTETERAPIA, SINCRONICIDADE, ARQUÉTIPO

Existem muitas formas de compreender e tentar responder às inúmeras questões que surgem depois da vivência de um evento sincronístico. Devemos, porém, permitir que nossos conteúdos sejam assimilados, e não necessariamente entendidos. As respostas vêm da emoção mais do que da razão.

A Arteterapia tem se apresentado como uma das mais eficazes maneiras de acessar o inconsciente e obter respostas, e elaborar conteúdos psíquicos, de forma lúdica, prazerosa e profunda, tendo a arte como ferramenta.

No *setting* ou fora dele, é muito provável que o fenômeno de sincronicidade se apresente. De certa forma já o esperamos antes, durante ou depois do atendimento, como motivo ou parte da elaboração dos conteúdos.

Há pouco tempo, em um atendimento a um grupo formado por quatro mulheres, foi pedido que se apresentassem como gostariam de ser reconhecidas. Inicialmente, sem grandes expectativas para elaboração de conteúdos das participantes, foi usada a técnica da "imaginação ativa", utilizada por Jung e sistematizada por Robert Johnson, um dos muitos recursos de abordagens terapêuticas. Coincidentemente todas as mulheres se descreveram como árvores, com as dores e as delícias de serem árvores grandes ou pequenas, com flores e frutos ou não; uma se apresentou como uma mangueira, outras duas como arbustos com flores, e uma como um loureiro, uma arvorezinha franzina.

O loureiro, porém, não se tratava de imaginação e, sim, de uma lembrança da participante. Era uma árvore real que fazia parte das memórias da sua infância passada no quintal da casa de uma tia querida, chamada Apolônia. Apesar da vívida lembrança do vasto quintal, com flores e árvores de espécies variadas, grandes e maravilhosas, o loureiro era a imagem que teimava em representá-la na atividade solicitada.

Uai, gente!

Durante a sessão ela sentiu uma imensa saudade de si mesma e um forte ardor no estômago. O mal-estar perdurou e obrigou-a a ingerir um medicamento. Costumava tomar daquele tipo de remédio, mas pela primeira vez teve necessidade dar uma olhadinha na bula. Com surpresa, leu que o remédio era feito de louro. Uai, gente!!

Mais tarde, ela viu uma postagem na internet, uma reportagem sobre o louro e suas propriedades curativas e de harmonização energética em ambientes e corporal. À noite, ao assistir a uma aula de mitologia, o tema estudado foi o mito de Dafne, uma ninfa transformada em um loureiro para fugir do deus Apolo. Eu, hein!? Como assim? O remédio, os nomes e o mito!

Mito pessoal revelado! E agora?

Amplificação do símbolo é necessária ao processo, e com Arteterapia para ficar melhor, mais bonito e mais gostoso! Tudo mudou de figura e um sentido incrível começou a transparecer, num descortinar de véus. Sincronicidades numa sequência avassaladora, logo após o atendimento arteterapêutico, com sensações físicas, emocionais e significativas para a pessoa que as vivenciou, possibilitando um diálogo intenso com conteúdos profundos e o reconhecimento do mito pessoal, de extrema importância para o desenvolvimento do processo de individuação que se iniciara. Muitos trabalhos de desenho, pinturas e *SoulCollage®* foram elaborados após a vivência.

Sabemos que teoria e embasamento do conhecimento são importantes para a compreensão do nosso universo pessoal e coletivo; assim, poder associar tal teoria e embasamento ao fazer artístico da Arteterapia, coagulando as imagens vindas das vivências, dá ainda mais sentido às nossas vidas, possibilitando o autoconhecimento e a individuação.

Dessa forma, convido a todos para nos entregarmos ao cotidiano com mais atenção aos sinais. Convido-os a percebermos o nosso entorno para partilhar e trocar mais sobre as sincronicidades e a Arteterapia como ferramentas que ajudam a trazer nossos conteúdos à tona, com a beleza da arte e a sabedoria da psicologia analítica.

Até breve, com a graça de Deus e das sincronicidades!

*

ANDRÉA GOULART DE CARVALHO – Bacharel em Desenho e Gravura pela EBA/UFMG; Arteterapeuta: Amart 107/0112. Pós-graduanda em Psicologia Analítica na USCS. Facilitadora de

SoulCollage®/2015; Artista Plástica. Atendimento arteterapêutico individual e em grupo. Ministrante de curso introdutório de *SoulCollage*® e aulas de Desenho no Ateliê de Artes AGC Artes & Arteterapia. @agc017

Referências Bibliográficas

JUNG, C.G. *Sincronicidade, vol. 8/3 In OC*. Petrópolis: Vozes, 2014 (21ª edição).

AGRADECIMENTOS

Agradeço a todos que direta ou indiretamente
compõem o Coletivo Não Palavra.
Aos que conheço pelo nome e aos que
ainda irei conhecer mais de perto.
Aos amigos, parceiros, colegas, coautores, leitores,
supervisionandos, alunos, participantes dos encontros,
e aos que acompanham nossos canais nas redes sociais.
À equipe Não Palavra que dá sustentação
a esse espaço com toda sua energia.

Toda gratidão a essa rede que se amplia
a cada dia, na certeza de que sozinhos vamos rápido.
Mas em conjunto, vamos longe!

Eliana Moraes

REGISTROS E *INSIGHTS*